第二次青藏高原综合科学考察研究丛书

国家出版基金项目
NATIONAL PUBLICATION FOUNDATION

藏东南
人类活动遗迹与生存环境调查

杨晓燕　侯居峙　王　萍　曹现勇
纪明波　龙瑞军　夏格旺堆　著

科学出版社

北京

内 容 简 介

　　本书是"第二次青藏高原综合科学考察研究"之"藏东南人类活动遗迹与生存环境调查"的总结成果，也是"人类活动历史与影响"专题的重要组成部分，由参与科考专题的科研人员共同撰写。全书共6章，包括此次科考的背景、意义、基础和概况，藏东南人类活动遗迹、藏东南门珞文化、墨脱县农牧业等古今人类活动和经济模式的调查及初步分析，同时也包括了藏东南地区古人类活动的生存环境调查以及该地区人类活动历史和生存环境关系的初步分析结果。

　　全书内容翔实、结构严谨、可读性较强，是了解藏东南地区地理、历史和文化的重要资料，将对青藏高原环境演变、考古和文化事业的发展产生推动作用。

　　本书可供地质、地理、考古、人类学等专业的科研、教学等相关人员参考使用。

审图号：GS (2022) 805号

图书在版编目（CIP）数据

藏东南人类活动遗迹与生存环境调查 / 杨晓燕等著. —北京：科学出版社，2022.4

（第二次青藏高原综合科学考察研究丛书）

国家出版基金项目

ISBN 978-7-03-071920-1

Ⅰ.①藏…　Ⅱ.①杨…　Ⅲ.①青藏高原–人类活动–历史–研究

Ⅳ.①K280.7

中国版本图书馆CIP数据核字（2022）第045170号

责任编辑：朱　丽　董　墨　白　丹 / 责任校对：何艳萍
责任印制：肖　兴 / 封面设计：吴霞暖

科学出版社 出版

北京东黄城根北街16号
邮政编码：100717
http://www.sciencep.com

北京汇瑞嘉合文化发展有限公司 印刷

科学出版社发行　各地新华书店经销

*

2022年4月第　一　版　开本：787×1092　1/16
2022年4月第一次印刷　印张：14 1/2
字数：340 000

定价：228.00元

（如有印装质量问题，我社负责调换）

"第二次青藏高原综合科学考察研究丛书"
编辑委员会

《藏东南人类活动遗迹与生存环境调查》
编写委员会

第二次青藏高原综合科学考察队

藏东南人类活动遗迹及生存环境调查分队

姓名	职务	工作单位
杨晓燕	分队长	中国科学院青藏高原研究所
张东菊	队员	兰州大学
凌智永	队员	中国科学院青海盐湖研究所
马志坤	队员	西北大学
高 玉	队员	中国科学院青藏高原研究所
侯孝欢	队员	中国科学院青藏高原研究所
杨继帅	队员	兰州大学
申旭科	队员	兰州大学
仇梦晗	队员	兰州大学
谭韵瑶	队员	西藏自治区文物保护研究所
童 艳	队员	西藏自治区文物保护研究所
南 吉	队员	西藏农牧学院
成措卓玛	队员	西藏农牧学院
王 萍	队员	中国地震局地质研究所
胡 钢	队员	中国地震局地质研究所
王慧颖	队员	中国地震局地质研究所
刘建宝	队员	中国科学院青藏高原研究所

卢红选	队员	中国科学院地球环境研究所
施　坤	队员	中国科学院南京地理与湖泊研究所
张继峰	队员	中国科学院青藏高原研究所
吴　铎	队员	兰州大学
吕凤琳	队员	中国科学院青藏高原研究所
孙　喆	队员	中国科学院青藏高原研究所
闫天龙	队员	中国科学院南京地理与湖泊研究所
张　帅	队员	中国科学院青藏高原研究所
李　娜	队员	中国科学院南京地理与湖泊研究所
曹现勇	队员	中国科学院青藏高原研究所
张国进	队员	中国科学院植物研究所
冀克家	队员	中国科学院青藏高原研究所
王彦人	队员	中国科学院青藏高原研究所
魏学红	队员	西藏农牧学院
白彦福	队员	兰州大学
张　涛	队员	兰州大学
纪明波	队员	中国科学院青藏高原研究所
陈立明	队员	西藏民族大学
达瓦扎西	队员	西藏农牧学院

丛书序一

    青藏高原是地球上最年轻、海拔最高、面积最大的高原，西起帕米尔高原和兴都库什、东到横断山脉，北起昆仑山和祁连山、南至喜马拉雅山区，高原面海拔 4500 米上下，是地球上最独特的地质－地理单元，是开展地球演化、圈层相互作用及人地关系研究的天然实验室。

    鉴于青藏高原区位的特殊性和重要性，新中国成立以来，在我国重大科技规划中，青藏高原持续被列为重点关注区域。《1956—1967年科学技术发展远景规划》《1963—1972 年科学技术发展规划》《1978—1985 年全国科学技术发展规划纲要》等规划中都列入针对青藏高原的相关任务。1971 年，周恩来总理主持召开全国科学技术工作会议，制订了基础研究八年科技发展规划（1972—1980 年），青藏高原科学考察是五个核心内容之一，从而拉开了第一次大规模青藏高原综合科学考察研究的序幕。经过近 20 年的不懈努力，第一次青藏综合科考全面完成了 250 多万平方千米的考察，产出了近100 部专著和论文集，成果荣获了 1987 年国家自然科学奖一等奖，在推动区域经济建设和社会发展、巩固国防边防和国家西部大开发战略的实施中发挥了不可替代的作用。

    自第一次青藏综合科考开展以来的近 50 年，青藏高原自然与社会环境发生了重大变化，气候变暖幅度是同期全球平均值的两倍，青藏高原生态环境和水循环格局发生了显著变化，如冰川退缩、冻土退化、冰湖溃决、冰崩、草地退化、泥石流频发，严重影响了人类生存环境和经济社会的发展。青藏高原还是"一带一路"环境变化的核心驱动区，将对"一带一路"沿线 20 多个国家和 30 多亿人口的生存与发展带来影响。

    2017 年 8 月 19 日，第二次青藏高原综合科学考察研究启动，习近平总书记发来贺信，指出"青藏高原是世界屋脊、亚洲水塔，是地球第三极，是我国重要的生态安全屏障、战略资源储备基地，是中华民族特色文化的重要保护地",要求第二次青藏高原综合科学考察研究要"聚焦水、生态、人类活动,着力解决青藏高原资源环境承载力、灾害风险、绿色发展途径等方面的问题,为守护好世界上最后一方净土、建设美丽的青藏高原作出新贡献,让青藏高原各族群众生活更加幸福安康"。习近平总书记的贺信传达了党中央对青藏高原可持续发展和建设国家生态保护屏障的战略方针。

第二次青藏综合科考将围绕青藏高原地球系统变化及其影响这一关键科学问题,开展西风–季风协同作用及其影响、亚洲水塔动态变化与影响、生态系统与生态安全、生态安全屏障功能与优化体系、生物多样性保护与可持续利用、人类活动与生存环境安全、高原生长与演化、资源能源现状与远景评估、地质环境与灾害、区域绿色发展途径等 10 大科学问题的研究,以服务国家战略需求和区域可持续发展。

"第二次青藏高原综合科学考察研究丛书"将系统展示科考成果,从多角度综合反映过去 50 年来青藏高原环境变化的过程、机制及其对人类社会的影响。相信第二次青藏综合科考将继续发扬老一辈科学家艰苦奋斗、团结奋进、勇攀高峰的精神,不忘初心,砥砺前行,为守护好世界上最后一方净土、建设美丽的青藏高原作出新的更大贡献!

孙鸿烈
第一次青藏科考队队长

丛书序二

    青藏高原及其周边山地作为地球第三极矗立在北半球,同南极和北极一样既是全球变化的发动机,又是全球变化的放大器。2000年前人们就认识到青藏高原北缘昆仑山的重要性,公元18世纪人们就发现珠穆朗玛峰的存在,19世纪以来,人们对青藏高原的科考水平不断从一个高度推向另一个高度。随着人类远足能力的不断加强,逐梦三极的科考日益频繁。虽然青藏高原科考长期以来一直在通过不同的方式在不同的地区进行着,但对于整个青藏高原的综合科考迄今只有两次。第一次是20世纪70年代开始的第一次青藏科考。这次科考在地学与生物学等科学领域取得了一系列重大成果,奠定了青藏高原科学研究的基础,为推动社会发展、国防安全和西部大开发提供了重要科学依据。第二次是刚刚开始的第二次青藏科考。第二次青藏科考最初是从区域发展和国家需求层面提出来的,后来成为科学家的共同行动。中国科学院的A类先导专项率先支持启动了第二次青藏科考。刚刚启动的国家专项支持,使得第二次青藏科考有了广度和深度的提升。

    习近平总书记高度关怀第二次青藏科考,在2017年8月19日第二次青藏科考启动之际,专门给科考队发来贺信,作出重要指示,以高屋建瓴的战略胸怀和俯瞰全球的国际视野,深刻阐述了青藏高原环境变化研究的重要性,要求第二次青藏科考队聚焦水、生态、人类活动,揭示青藏高原环境变化机理,为生态屏障优化和亚洲水塔安全、美丽青藏高原建设作出贡献。殷切期望广大科考人员发扬老一辈科学家艰苦奋斗、团结奋进、勇攀高峰的精神,为守护好世界上最后一方净土顽强拼搏。这充分体现了习近平总书记的生态文明建设理念和绿色发展思想,是第二次青藏科考的基本遵循。

    第二次青藏科考的目标是阐明过去环境变化规律,预估未来变化与影响,服务区域经济社会高质量发展,引领国际青藏高原研究,促进全球生态环境保护。为此,第二次青藏科考组织了10大任务和 60 多个专题，在亚洲水塔区、喜马拉雅区、横断山高山峡谷区、祁连山 - 阿尔金区、天山 - 帕米尔区等 5 大综合考察研究区的 19 个关键区，开展综合科学考察研究，强化野外观测研究体系布局、科考数据集成、新技术融合和灾害预警体系建设，产出科学考察研究报告、国际科学前沿文章、服务国家需求评估和咨询报告、科学传播产品四大体系的科考成果。

两次青藏综合科考有其相同的地方。表现在两次科考都具有学科齐全的特点，两次科考都有全国不同部门科学家广泛参与，两次科考都是国家专项支持。两次青藏综合科考也有其不同的地方。第一，两次科考的目标不一样：第一次科考是以科学发现为目标；第二次科考是以摸清变化和影响为目标。第二，两次科考的基础不一样：第一次青藏科考时青藏高原交通整体落后、技术手段普遍缺乏；第二次青藏科考时青藏高原交通四通八达，新技术、新手段、新方法日新月异。第三，两次科考的理念不一样：第一次科考的理念是不同学科考察研究的平行推进；第二次科考的理念是实现多学科交叉与融合和地球系统多圈层作用考察研究新突破。

"第二次青藏高原综合科学考察研究丛书"是第二次青藏科考成果四大产出体系的重要组成部分，是系统阐述青藏高原环境变化过程与机理、评估环境变化影响、提出科学应对方案的综合文库。希望丛书的出版能全方位展示青藏高原科学考察研究的新成果和地球系统科学研究的新进展，能为推动青藏高原环境保护和可持续发展、推进国家生态文明建设、促进全球生态环境保护做出应有的贡献。

姚檀栋
第二次青藏科考队队长

前　言

　　青藏高原是世界第三极，生态环境脆弱敏感。在当前全球变暖的背景下，青藏高原受到了全球气候变化和人类活动的双重压力影响。人类活动，如矿产资源开发、农牧业发展、城镇化等带来的负面作用已严重影响了高原生态安全和可持续发展。以史为鉴可以知兴替，理解过去才能更好地发展未来。因此了解青藏高原古代人类活动和人类对环境的适应历史，必将为解决当下环境保护的困境、有效应对高原未来生态环境变化提供宝贵的思路和建议。

　　本书分为6章，主要内容如下。

　　第1章主要介绍科考的背景、意义、目标及内容等，对科考调查区域的人类活动遗迹、民族、文化、环境演变和地貌等研究现状进行回顾，明确藏东南人类活动遗迹及生存环境科考的意义、目标和内容。

　　第2章介绍雅鲁藏布江流域的拉萨河谷、山南地区和林芝地区的科考结果，对已有考古遗址和新发现的人类活动遗迹地理位置、地层及研究样品采集情况进行详细介绍。

　　第3章介绍科考队对门巴族和珞巴族聚居区的山南市错那县、隆子县以及林芝市察隅县、墨脱县的调查结果，主要包括：调查点的自然环境和社会环境，民族来源、迁徙与民族分布情况，经济社会发展状况，教育发展与交通状况，婚姻家庭与民族关系状况等内容。

　　第4章从人口、经济、养殖业、种植业等多方位对墨脱县农牧业状况进行调查，阐明墨脱县未来发展面临的机遇和挑战。

　　第5章介绍对雅鲁藏布江流域古人类生存环境的调查情况，包括地貌特征、气候背景以及可利用的植物资源。

　　第6章综合此次科考结果，对藏东南人类活动历史和生存环境之间的关系进行讨论。

　　参与编写本书的人员主要有：第1章，中国科学院青藏高原研究所侯居峙研究员、杨晓燕研究员和兰州大学董广辉教授；第 2 章，中国科学院青藏高原研究所杨晓燕研究员；第 3 章，西藏民族大学陈立明教授和中国科学院纪明波研究员；第 4 章，兰州大学龙瑞军教授；第 5 章，中国科学院青藏高原研究所侯居峙研究员、刘建宝研究员、曹现勇研究员和张继峰博士；第 6 章，中国科学院青藏高原研究所杨晓燕研究员。全书由杨晓燕研究员进行组织与统稿工作。

第二次青藏高原综合科学考察研究之人类活动遗迹及生存环境调查的开展，对探明藏东南地区史前人类活动历史、认识该地区人类生存环境演变、理解高原上人与环境相互作用的过程和规律具有重要意义。为今后青藏高原的环境保护提供重要的历史借鉴，为巩固青藏高原民族团结和社会稳定的良好局面提供必要的科技支撑，也为促进青藏高原文化和旅游事业的发展，让青藏高原各族群众生活更加幸福安康指明了道路。

本书是中国科学院青藏高原研究所许许多多科研人员长期不畏艰险、辛勤劳动的成果。本次考察路途艰辛、条件艰苦，尤其波密至墨脱路段十分艰险。但无论是黄沙漫天，还是山路损毁，都没能阻挡队员们勇敢前行。感谢每一位队员在 30 多天的科考工作里表现出的不畏困难的勇气和坚持不懈的精神。感谢各组、各单位之间的相互配合，推动本次科考取得令人欣喜的成果。感谢每一位为藏东南人类活动遗迹与生存环境调查科考队默默奉献的成员们，是大家对青藏高原事业的热爱和无私无畏、甘于奉献的精神促进了本次科考任务的圆满完成，谢谢大家！

《藏东南人类活动遗迹与生存环境调查》编写委员会

2019 年 3 月

摘　　要

2018 年 10 月 25 日至 11 月 30 日，由中国科学院青藏高原研究所、兰州大学、西藏文物保护研究所、中国科学院南京地理与湖泊研究所、中国地震局地质研究所、西北大学、西藏民族大学、西藏农牧学院等十余家单位的 35 名研究人员组成的第二次青藏高原综合科学考察 "藏东南人类活动遗迹与生存环境调查" 科考分队，对藏东南地区进行了为期一个多月的科学考察。此次考察包括人类活动遗迹调查、古堰塞湖及溃坝洪水调查、湖泊钻探、可利用植物调查、门巴珞巴聚落调查和墨脱县农牧业现状调查这五个方面的内容。

人类活动遗迹调查组先后对雅鲁藏布江及拉萨河、雅砻河、尼洋河等支流河谷进行了实地考察，共调查 40 处人类活动遗迹点，确定了 24 处遗迹点的文化层并采集到了人类活动遗物标本及样品，包括文化层土样、陶片、石制品、炭屑、动物骨骼及人骨。科考队新发现 5 处人类活动遗迹点，获得 43 个 AMS ^{14}C 测年结果，提取到公元前第 2 个千年以来的粟、黍、大麦、小麦和豌豆等农作物遗存。测年结果显示，人类进入雅鲁藏布江流域的时间可能比已知年代早近乎 1000 年；3500 ～ 3000a BP、2500a BP 前后，以及 1500 ～ 1300a BP 是人类在雅鲁藏布江流域活动增强的时段。动植物遗存分析发现了西藏地区最早的大麦遗存以及西藏地区唯一一处粟、黍、大麦、小麦四种农作物共存的考古遗址——林芝立定遗址；分析结果表明，公元前第 2 个千年前段农业已经出现，早期为粟麦混作的农业模式，公元前第 2 个千年后段转变为单一的麦作农业模式；而山羊在该地区多处遗址的出现，则说明农业和牧业可能一直是人类在雅鲁藏布江流域并行的两种生计模式。本次科考初步构建了藏东南地区人类活动历史以及经济模式的演变过程。人类活动遗迹点和农作物时空的分布进一步显示出，西藏史前时期雅鲁藏布江河谷已经形成了 "高原丝绸之路" 雏形，成了高原上人群迁徙、技术交流、文化传播的大通道。

地貌组、植物组与人类活动遗迹调查组一起考察了人类活动遗迹点所处的冰川以及河湖地貌，采集了沿线表土样品及可利用植物样本。地貌组重点围绕遗址点的地貌和沉积进行 GPS 测量、沉积分析和年代样品的采集；发现曲贡遗址、昌果沟遗址等均位于阶地上，而阶地的发育与雅鲁藏布江的堵江堰塞充填—溃坝切割的过程相关联；气候变化和构造活动均为控制雅鲁藏布江流域地貌的关键因素，通过堰塞湖和洪水系列影响古人类的生活环境和迁徙路径；林芝地区尼洋曲两岸展布多级湖积阶地，人类可能按照由高向低的方式迁徙到近水岸带生活；易贡藏布、帕隆藏布和墨脱地区多位于高山峡谷地带，人类活动遗址不易保存。地貌组野外采集光释光与 ^{14}C 年代学样品约 60 个，为后期古堰塞湖－堰塞坝－洪水堆积的沉积体系的精细划分，恢复古地理、古环境，分析人－地相互关系的演化打下坚实基础；植物组完成表土花粉代表性样品的分析工作，为未来利用花粉分析定量重建人类社会发展的生存背景提供了基础资料；可利用植物样本的花粉和淀粉粒分析为重建高原人类社会发展的生计模式演变提供了基础资料。

湖泊组利用浅剖仪和测深仪分别对基础水文资料较为空白的巴松措和措木及日湖进行了湖底沉积层扫描和水深测量，获得了湖泊沉积物特征和湖泊水深图，在此基础上获取了巴松措、措木及日湖、然乌湖的重力钻和水样。所获岩心是重建藏东南地区近几百年温度、季风降水变化的重要素材，也是研究藏东南地区水热格局变化与人类社会生计模式演变的基础资料。

门珞文化组深入山南市的错那县、隆子县，林芝的墨脱县、察隅县进行调查，对四县的社会形态和民族关系进行全面、细致的考察，重点关注民族迁移问题、民族宗教文化和小康社会建设情况。通过这些调查，补充完善了门巴、珞巴两个族群的跨境迁徙路线，为理解史前－历史时期东西方文化跨区域、跨境及跨大陆交流路线提供借鉴。

农牧业组对藏东南墨脱县 7 个乡镇、12 个行政村（包括 5 个边境村）的农牧业情况进行考察，内容包括农牧业人口经济、原始的刀耕火种农耕文化、以亚热带水果和墨脱高山有机茶为代表的林果业特色产业。同时分层（0～40cm）采集了传统玉米种植地、水稻田（>100 年）、高山有机茶园以及香蕉林地 4 种主要土地利用类型（共计 12 块样地）下土壤容重、水分、有机碳样品 144 份，并对不同土地利用下耕地质量、区域有机碳储量进行分析，进一步评价墨脱县的资源环境承载能力。农牧组的考察为古代农牧业传播通道及路线的探索研究提供尽可能多的现代过程信息，为了解史前历史时期人类的活动及生计模式提供借鉴；同时通过与印控区农牧业发展现状的对比分析，能够为国家边境小康示范村项目建设、边境发展战略调整提供参考意见。

本次野外考察是第二次青藏高原综合科学考察研究"人类活动历史与环境效应"专题的重要组成部分，对于探明藏东南地区史前人类活动历史，认识该地区人类生存环境演变，长时间尺度理解高原上人与环境相互作用的过程和规律具有重要意义。

目　　录

第1章

绪　论

1.1 背景和意义

1.1.1 国家战略需求

青藏高原生态环境面临着全球气候变化和人类活动的双重压力。在当前全球变暖背景下，青藏高原环境、水资源、生态系统等总体趋好。而人类活动的影响则呈现正负两个方面。人口和经济增长、矿产资源开发、农牧业发展、城镇化、旅游业发展、交通设施建设和周边地区污染物排放等，对青藏高原生态系统格局与功能产生了重要的影响。人类活动对生态环境的负面作用已经严重影响了区域生态安全和经济社会可持续发展，也制约了绿色丝绸之路的建设规划（陈德亮等，2015）。因此，解决青藏高原生态环境问题的核心是科学调控人类活动，适应和减缓气候变化，促进社会经济与环境的协调发展。

有效应对青藏高原未来生态环境变化，保障区域环境、经济、社会可持续发展是我国生态文明建设的一项重大需求。青藏高原的生态环境问题引起了党中央和国务院的高度重视，《中华人民共和国国民经济和社会发展第十二个五年规划纲要》确定了青藏高原生态屏障和黄土高原 – 川滇生态屏障等"两屏三带"国家生态安全战略格局，2005 年国务院批准实施了《青海三江源自然保护区生态保护和建设总体规划》，2009 年国家发展和改革委员会印发了《西藏生态安全屏障保护与建设规划（2008—2030 年）》，总体目标均围绕系统构建青藏高原生态安全屏障，确保青藏高原生态系统稳定性和良性循环状态，保障重要生态功能有效发挥，让人类活动造成的生态环境问题得到有效整治，促进经济社会与环境协调发展，发挥青藏高原对全国乃至周边国家和地区的生态安全保障作用。习近平总书记多次针对青藏高原生态安全屏障作出指示，2015 年习近平总书记指出"西藏要保护生态，要把中华水塔守好，不能捡了芝麻丢了西瓜，生态出问题得不偿失"。2016 年 8 月，习近平总书记在青海考察时强调"尊重自然、顺应自然、保护自然，筑牢国家生态安全屏障"。2017 年 8 月，习近平总书记在给中国科学院青藏高原综合科学考察研究队的贺信中指出，"揭示青藏高原环境变化机理，优化生态安全屏障体系，对推动青藏高原可持续发展、推进国家生态文明建设、促进全球生态环境保护将产生十分重要的影响"。

因此，本科考分队响应习近平总书记"建设美丽的青藏高原，让青藏高原各族群众生活更加幸福安康"的号召，在第二次青藏高原综合科学考察中定位于十大任务中的"人类活动影响与环境安全"和专题 13"过去人类活动与环境效应"，通过调查青藏高原东西大通道的形成过程及人类的生存环境背景，厘清史前人类活动适应过程、机制及其与环境的相互作用，为青藏高原绿色发展与生态环境保护提供历史借鉴，为守护好世界上最后一方净土、建设美丽的青藏高原，以及青藏高原各族群众生活更加幸福安康提供科技支撑。同时，所获得的调查结果可以作为文化和旅游发展的参考资料，为藏区文化建设及第三极国家公园群的建立提供支持。

同时，近年的研究从遗传基因学、考古学和地理学等方面证明汉藏同源的事实，但现代人扩展过程中的分离和再融合过程中的缺环，还需要更多的环境考古方面的工作来填补。汉藏同源的文化认同可以进一步促进民族团结、国家和地方稳定。

1.1.2 科学意义

本次科学考察研究具有如下科学意义。

1) 加深对人类适应青藏高原过程的认识

青藏高原高寒缺氧环境是人类生存、生活的重大挑战，但考古研究表明至少在末次冰盛期期间（Zhang et al.，2018a），就已经有人类在青藏高原上活动，并且在历史时期建立了如象雄王国、吐蕃王朝、古格王朝等，促进了丝绸之路发展、高原各民族的融合和社会发展。青藏高原上史前—早期金属时代社会发展动因一直是国际学术界关注的焦点，吸引了人类学、历史学、社会学、东方学、地理学和古气候学等多学科学者的关注。过去的全球变化研究计划（Past Global Changes，PAGES）是"未来地球"（Future Earth）计划中的主要计划之一，其核心就是厘清历史时期人 – 环境相互作用，以期以古鉴今，探讨气候变化对人类社会的影响与人类社会如何适应未来气候变化的问题。

第二次青藏高原综合科学考察"藏东南人类活动遗迹及生存环境调查"科考分队2018 年的科考区域以雅鲁藏布江流域中下游为主，调查人类遗迹分布的时空特征、动植物资源利用等，结合定量化的气候、环境变化记录，揭示青藏高原东西大通道的形成历史，借此了解史前人群生活、迁徙历史，以及对生存环境的影响，以古鉴今，为当前青藏高原生态环境变化和未来发展趋势提供有益的历史借鉴。

2) 促进自然与人文学科的交叉研究

从长时间尺度认识高原人 – 环境相互作用的过程与规律，是科学调控人类活动对高原环境的影响，有效保障高原生态环境安全的科学基础，是本次考察在理论研究方面取得重要突破的科学问题之一。对该问题的研究需要多学科研究团队的合作，尤其是自然科学（如地理学、遗传学）和人文科学（考古学、历史学）的深入合作。以史前人类在青藏高原扩散和迁徙历史的研究为例，该领域在近十年取得了一些重要的研究成果，连续发表在 *Nature*、*Science*、*PNAS* 等国际著名学术期刊（Zhao et al.，2009；Yi et al.，2010；Chen et al.，2015a，2019；Meyer et al.，2017），这些研究分别是基于遗传学和考古学方法开展的。但截至目前，不同学科的交叉研究仍匮乏，对这一重要科学问题的认识存在明显的争议。

针对这一不足，本科考分队集中了地质学、地理学、考古学、人类学、植物学等多个学科的研究人员，研究方向包括古环境重建、旧石器考古学、新石器考古、环境考古、沉积学、民族学等，力图通过深入的学科交叉，在史前人类向高原扩散的历史和模式方面的研究取得广泛认可的理论成果，打造自然科学与人文科学交叉合作研究的成功典范。这不仅符合综合科学考察研究的宗旨，还有助于促进不同学科间的交叉研究。本次综合科学考察，有望在揭示人与环境相互作用机理、解析高原环境变化及其原因、协调生存发展与环境变化关系等方面有所突破。

1.2　科考基础

1.2.1　人类活动遗迹调查

1. 考古学研究

在考古学研究中，关于青藏地区开始有人类活动的年代认识并不统一。一种意见认为青藏地区存在旧石器晚期文化，如童恩正（1985）估计其年代应该在距今 50 ka；黄慰文（2001）依据小柴达木湖地点沉积物的测年结果认为应该在距今 35 ka。还有一种意见认为最早是与华北细小石器传统、华南细石器传统关系密切的人群，在全新世早期才进入青藏高原（汤惠生，1999，2011）。近年来，中国科学院古脊椎动物与古人类研究所、中国科学院青海盐湖研究所、兰州大学等与美国沙漠研究所、得克萨斯大学、加利福尼亚大学等科研单位合作，在青藏高原边缘地区进行了长期的野外考察，发现了一系列旧石器遗址，尤其是在青藏高原东北部地区（海拔 3000 ~ 4000 m）发现了多处旧石器遗址和地点，并且获得了可靠的测年数据（Brantingham and Gao，2006；Madson et al.，2006；Rhode et al.，2007；仪明杰等，2011；侯光良等，2015），结果显示古人类在距今 30 ka 左右开始尝试向这些高海拔地区扩散，但直至距今 15 ka 以后才有更多的人群迁徙至此。袁宝印等（2007）在藏北地区的色林错石器地点，对石制品原生地层中所采集的无机碳酸盐样品进行 ^{14}C 年代测定，认为石器的年代应该在距今 40 ~ 30 ka，该结论在尼阿底遗址得到了验证（Zhang et al.，2018b）。采用同样的方法，藏北各听石器地点的年代被认为在距今 24 ka（钱方等，1988）。西藏西部近年来发现的石器地点中不乏具有鲜明旧石器时代特征的地点，却被诸多学者忽视，而且在西藏西北部地区石器普遍为地表采集，缺乏层位及相关动植物遗存，对年代判断存在一定的难度。例如，日土县贡崩石器地点的石制品皆采自高出湖面约 30 m 的第二阶地地表，阶地由以硅藻土为主的湖相地层构成，厚 20 m。经对硅藻土样的 ^{14}C 测定，硅藻土下部的绝对年代在距今 23.5±1.2 ka，上部在距今 11.7±0.18 ka，故认为贡崩石器的时代介于二者之间（房迎三等，2004）。还有学者（吕红亮，2011）根据这一数据和石器面貌推测距离不远的夏达错东北岸石器采集地点的年代，然而结果尚存争议。

藏南雅鲁藏布江流域至今缺乏早期人类活动年代的有力数据。已经发现的吉隆县哈东淌、却得淌、罗垄沟和仲巴县城北等地点皆属于地表采集（西藏文管会文物普查队，1991；李永宪和霍巍，1994；李永宪，1992），缺乏可信的原生层位剖面。在堆龙德庆县的曲桑地点的一处河谷钙化沉积坡上发现了 19 个人类手印、足印，并且在距离手足印约 4 m 的地方发现一个局部被破坏的火塘遗迹（Zhang and Li，2002；Zhang et al.，2003）。通过对钙化沉积物中石英砂进行 OSL 释光测年，手足印的年代分别为距今 21000±2100 年、21700±2200 年，火塘的年代为距今 20600±2900 年（Zhang and Li，2002）。Aldenderfer（2007）对该遗迹以铀系法测年，结果是距今 3.2 万 ~ 2.8 万年。

然而高星等（2008）曾指出，经过他们与西藏自治区文物管理委员会的联合复查，认为曲桑地点的火塘在距今 5000 年左右，手足印的年代可能会更晚。

根据文物普查结果，青藏高原大规模人类定居始于新石器—早期金属时代（青铜时代）。文物普查在这一地区发现的新石器和青铜文化遗址则多达 7000 余处（国家文物局，1996，2010，2011），已获得 ^{14}C 测年数据累计超过 200 个（中国社会科学院考古研究所，1992；Dong et al.，2013，2014；Chen et al.，2015a）。考古研究显示，青藏高原北部的新石器–青铜时代文化序列较为清楚，包括仰韶晚期文化（5500～5000 cal a BP）、马家窑文化（含马家窑类型、半山类型和马厂类型，5300～4000 cal a BP）、齐家文化（4300～3600 cal a BP）、卡约文化（3600～2600 cal a BP）、诺木洪文化（3400～2700 cal a BP）和辛店文化（3400～2700 cal a BP）（谢端琚，2002）。

除了东北部地区，青藏高原大部分地区尚未建立起考古学文化序列，并且在新石器时代之后的考古学文化序列上存在着许多缺环，还无法界定石器时代的终止时间。有学者提出西藏史前可能有过一个"早期金属时代"，年代上限在公元前一千纪，下限在公元 6 世纪，即吐蕃王朝兴起之前。这个概念大致可以包括青铜时代和早期铁器时代。

雅鲁藏布江流域是新石器遗址分布较为密集的地区之一，经文物普查已经发现数十个遗址，但是考古发掘和研究较少。目前已经发掘的只有腹心地区的拉萨曲贡、贡嘎县昌果沟和琼结县邦嘎遗址（傅大雄，2001；Guedes et al.，2014）。林芝、墨脱地区分别有一组新石器时代遗址。林芝地区仅都普遗址有过小规模试掘，出土陶片 22 片（丹扎，1990）。墨脱地区所见新石器遗物均为采集的磨制石器，器形以斧、锛、凿为主，多呈长条形，仅在墨脱村发现一些饰绳纹和刻划纹的夹砂红、灰陶片，目前对当地新石器时代的文化面貌和年代的认识几乎是一片空白，亟待开展工作。发掘过的几个遗址，尤其已经系统发表资料的曲贡遗址（中国社会科学院考古研究所和西藏自治区文物局，1999），无疑树立起雅鲁藏布江中游地区新石器时代文化的标尺。另外，在藏东澜沧江流域的昌都卡若文化遗址也建立起藏东地区新石器时代考古学文化的标尺（西藏自治区文物管理委员会和四川大学历史系，1985）。两把标尺为雅鲁藏布江地区的其他史前遗址研究提供了参照，有助于建立当地史前文化序列及时空框架。

已发现的早期金属时代的遗址要远远少于石器时代，以墓地和石构遗迹为主，后者可能与墓葬、祭祀等活动有关。在雅鲁藏布江地区已发掘的早期金属时代的遗址有曲贡晚期墓葬和雅砻河流域因基建出土的几处石室墓和石棺墓葬。在对林芝地区调查时清理过几处竖穴土坑石棺 / 石室墓，而墨脱尚未发现这一阶段的遗址，仅见一处岩画遗迹。

综上所述，目前对雅鲁藏布江流域史前时期的考古研究还处于起步阶段，对古人进入到这一地区的时间及在当地的活动历史并不清楚，墨脱地区尤其，史前考古基本为零，亟待开展系统的考古研究和测年工作。

2. 动植物考古研究

青藏高原环境考古研究地域的不平衡性非常突出。东北部地区史前遗址分布最为集中，建立起完整的考古学文化序列，环境考古研究也非常充分。该地区近年来开展的系统考古调查、植物遗存分析和 ^{14}C 测年结果显示，在距今 5.2 ka，以种植粟（Setaria italica）、黍（Panicum miliaceum）为主要产业模式的农业人群已扩散到青藏高原东北部地区，因粟和黍的生长受积温限制，粟作农业人群主要在海拔 2500 m 以下的河谷地带永久定居（Chen et al.，2015a），且很可能是从与青藏高原毗邻的黄土高原扩散来的（Jia et al.，2013；董广辉等，2016）。在东北边缘的河湟谷地，外来的麦作农业在距今 3.6 ka 后也成为该地区重要的生产方式（Ma et al.，2016）。而耐寒农作物大麦（Hordeum vulgare）和小麦（Triticum aestivum）的传入和种植，以及羊和牦牛的利用，促成距今 3.6 ka 后人类永久定居至海拔 3000 m 以上的高海拔地区（Chen et al.，2015a；Dong et al.，2016）。另外，植物考古研究显示，这一阶段的不同文化人群通过选择不同的动植物资源利用策略，适应了不同海拔的环境（张山佳和董广辉，2017），显示出明显的空间分异。而青藏高原其他地区只有零星的几个遗址开展过相关研究。

青藏高原东南部卡若文化遗址（距今 4.7 ～ 4.3 ka）的先民也已经利用农作物粟、黍（Guede et al.，2014）。虽没有对其进行系统的动物考古学分析，但该遗址出土了一些野生的大小动物骨骼，显示动物资源主要是依靠狩猎大小型动物和捕捞获得的。处于岷江流域的营盘山和哈休遗址的植物考古遗存分析显示，早在距今 5.3 ka，粟作农业就从中国北方进入四川西部的高原地区（赵志军和陈剑，2011）。岷江上游的家猪饲养是主要动物来源，同时也伴有狩猎活动。在青藏高原腹地的史前遗址也发现了类似的动植物遗存，如在昌果沟遗址（距今 3.4 ～ 3.2 ka）发现了大麦、小麦和粟遗存（傅大雄，2001）。在曲贡遗址出土了大量牦牛、羊和狗等家畜的骨骼（王仁湘，1990；霍巍和王煜，2014）。在藏西札达丁东遗址（距今 2.4 ～ 1.9 ka）于编号为 F4 的房址内及附近立石遗址处共发现炭化大麦粒近百粒，其种属经鉴定为青稞（Hordeum vulgare var. coeleste）（吕红亮，2007）。在稍晚的噶尔卡尔东遗址（距今 1.6 ～ 1.1 ka）中经浮选发现了以大麦（极有可能是青稞）为主的麦类作物，并且发现了绵羊和山羊的粪便。上述研究显示，与青藏高原东北部地区相近：①粟作农业最先进入到青藏高原东南部地区；②农牧并重的经济方式可能是保障人类在青铜时代大规模定居青藏高原的主要因素（Dong et al.，2016）。然而史前时期已开展的遗址发掘和系统的动植物遗存分析工作依然十分有限，还有许多问题尚不明确，如主要农作物尤其是麦类作物的来源和路线。

根据植物考古和测年结果，小麦和大麦最早在前陶新石器时代 B 阶段（PPNB，距今 10.5 ～ 9.05 ka）驯化于西亚地区，随后向外传播，并于公元前三千纪后期到达中国北方（Flad et al.，2010；赵志军，2015）。虽然麦作传入中国的路线仍有争议，不过青海大通金蝉口遗址出土的大麦和小麦直接测年结果显示，在距今 4.0 ～ 3.9 ka 麦类作物已经传入青藏高原东北缘（杨颖，2011）。滇西北剑川海门口遗址对出土小麦直接测年结果为距今 3.4 ka（薛轶宁，2010）。已经形成共识的是最早被引进到西藏高原的农业作物包括粟和黍，它们极有可能在距今 5 ka 左右从四川西部或甘青地区传播到高原的东部（Guedes et al.，2014）。麦类作物是否沿着粟作的传播之路进入高原腹地？还有一个值得注意的方向是青藏高原西部，有学者基于南亚印度河流域克什米尔地区新石器时代晚期（距今 4.0 ～ 3.85 ka）的植物考古发现 [小麦、大麦、豌豆（*Pisum sativum*)]，认为昌果沟遗址出现的麦作农业，"很可能是克什米尔的麦作农业东渐的产物"（吕红亮，2015）。还有学者根据在甘肃民乐东灰山遗址发现的一种很像球粒小麦属的作物，如今主要栽培在印度、巴基斯坦一带，认为西邻的巴基斯坦和北印度地区应该是一个关注的方向（李永宪，1992）。不管麦类作物是东渐还是西传，雅鲁藏布江河谷作为藏南地区文化传播的天然通道，都是一条必经之路。在雅鲁藏布江的东西两端选择合适的遗址进行植物考古和测年分析，将有望解决青藏高原腹地的麦作来源问题。

新石器—青铜时代青藏高原人群的农业和牧业活动一方面保障了其在高海拔地区的大规模永久定居，另一方面则可能对环境造成显著的影响。Miehe 等（2009，2014）提出史前人类因放牧的需要，在距今 8 ka 左右就通过烧毁森林的方式改造青藏高原的景观，使之更符合放牧活动的需要。但根据目前动物考古学的研究进展，出土牦牛骨骼遗址的年代不早于距今 4 ka，家畜羊传入中国西北的时间尽管有争议，但也不早于距今 4.5 ka（任乐乐和董广辉，2016）。人类大规模的农业和牧业活动对林木资源造成显著影响可能始于新石器—青铜时代，造成沉积物中黑炭浓度显著增大（Miao et al.，2017），最近的孢粉研究还显示，史前人类的牧业活动还造成湖泊沉积中狼毒（*Stellera chamaejasme*）花粉浓度的上升（Huang et al.，2017b）。这些研究显示新石器—青铜时代农牧人群对高原资源的开发利用，很可能对环境造成了重要的影响，但目前的研究尚不深入。考古遗址出土的炭屑是先民对木材利用后留下的植物遗存，其树种鉴定可为研究史前人类对林木资源利用过程提供有效的手段。

3. 本科考分队工作基础

西藏自治区文物保护研究所参与完成 2015 ～ 2018 年雅鲁藏布江河谷考古调查，并参与这几年对色林错区域尼阿底遗址、山南邦嘎遗址、阿里皮央东嘎遗址的发掘。兰州大学环境考古团队参与了拉萨河流域邱桑遗址的研究与讨论（Zhang et al.，2017a）。王萍研究员及其团队在近年的古堰塞湖古洪水沉积研究中，发现河流阶地中多处考古遗址和遗存（图 1.1），为研究人类活动与雅鲁藏布江的关系提供了基础材料。

(a)　　　　　　　　　　　　　　　　(b)

图 1.1　在雅鲁藏布江阶地上发现的古人牙齿 (a) 及红烧土层 (b)

　　本科考分队大部分队员长期在青藏高原及周边地区开展旧石器、新石器—青铜时代和历史时期遗址的调查和考古研究工作，在环境考古方向的科考工作有丰富的经验和工作基础。兰州大学环境考古团队在青藏高原东北部黄河上游谷地、青海湖盆地、柴达木盆地、共和盆地，青藏高原中部玉树地区和青藏高原东南的怒江中游等地区开展过系统的考古调查，并参与了一些重要遗址，如金禅口遗址、宗日遗址和沙隆卡遗址的发掘和研究工作。其中，张东菊博士曾带队在青藏高原腹地和青藏高原东北部地区开展过系统的旧石器遗址调查，并主持了青海湖盆地 151 旧石器遗址的发掘工作。杨晓燕研究员在青藏高原东南部已开展了现代植物微体化石资料库的构建，并在石岭岗遗址开展了植物考古分析工作，为研究青藏高原农业和牧业人群的时空扩散过程和生业模式提供了关键的证据。科考队在青藏高原史前人类活动的时空过程和驱动力研究方面取得了一系列重要的成果，发表在科学（*Science*）、第四纪科学评论（*Quaternary Science Reviews*）、中国科学（中英文版）等国际国内重要的学术期刊上，产生了广泛的学术影响。

1.2.2　门巴族、珞巴族现状调查

　　经过民族识别和社会历史大调查，我国学术界基本厘清了门巴族、珞巴族在社会、政治、经济、文化、宗教等诸多领域的历史和现状，对门巴族、珞巴族民族概况、民间文学、民俗文化、民族关系、民族宗教和人口迁徙等方面有了较全面、深入的调查和研究。

1. 门巴族、珞巴族民族概况研究

　　20 世纪七八十年代，国内出版了一系列调查资料汇编。中国社会科学院民族研究所编写的《西藏墨脱县门巴族社会历史调查报告：门巴族调查材料之一》（1978 年）和《西藏错那县勒布区门巴族社会历史调查报告：门巴族调查材料之二》（1978 年）集中体现了墨脱县、错那县勒布沟这两个门巴族聚居区的社会历史情况，首次将我国门巴族的社会状况详细地展现出来。《门巴族简史》（2008 年）对门巴族传说中的远古时代到 1962 年对印自卫反击战之间的历史进行了系统梳理，展现了门巴族的民族史，并对门巴族社会的生产力、生产关系、物质生活和精神文化进行了概括性叙述，这是我国第一本关于门巴族历史的著作。张江华等的《门巴族封建农奴社会》（1988 年）对门巴族的封建农奴制社会进行了全方位的叙述，涉及社会经济、生产关系、原始公有制残余、等级制度、政治制度和阶级斗争、婚姻、家庭、宗教、丧葬、民间文学艺术等，堪称展现门巴族封建农奴社会的百科全书。《门巴族社会历史调查》（1988 年）将墨脱县调查和错那县调查资料合二为一，集中了当时关于门巴族社会历史调查的全部成果。以上著作标志着我国门巴族研究的开端。此后，一些学者又在前人基础上不断开展调查研究，致力于呈现门巴族社会在不同历史时期的发展变迁。例如，张江华的《门巴族》（1997 年）一书，将门巴族的情况更加完整地展现在世人面前。吕昭义和红梅的《门巴族：西藏错那县贡日乡调查》（2004）是一本以贡日乡门巴族为个案的民族志，对贡日

乡的情况进行了全方位的叙述，内容更加具体。索文清（1981）对错那县门巴族的概况进行了阐述，吴从众（1987）对 1951 年以前门巴族的封建农奴制度进行了论述，对墨脱县门巴族的历史沿革进行了很详细的叙述，将 18 世纪后期到 1968 年期间墨脱县门巴族的历史梳理得非常清晰。

在珞巴族研究方面，中国社会科学院民族研究所编的《西藏米林县珞巴族社会历史调查报告：珞巴族调查材料之一》（1978 年）、《关于西藏珞巴族的几个调查材料：珞巴族调查材料之二—之五》（1978 年）这两本调查报告对珞巴族聚居的米林县南伊沟、隆子县斗玉乡、墨脱县达木乡、西蒙等地的珞巴族社会情况进行了非常详细的叙述，为我国的珞巴族研究提供了宝贵的基本资料。这两本调查资料分别在 1987 年和 1989 年以《珞巴族社会历史调查》（一）、（二）的题目由西藏人民出版社出版。《珞巴族简史》（1987 年）除了对珞巴族的族源、历史、奴隶制社会形态和反对外国殖民主义者的斗争等进行叙述外，还对珞巴族的服饰、饮食、住宅、交通、宗教信仰、文学艺术等民族文化进行了概述性的叙述，提供了较为全面的珞巴族民族文化资料。在编纂这些大部头调查资料集的基础上，李坚尚（1986）还开展了一些专题性研究，对珞巴族的博嘎尔、崩如、陵波、巴达姆、阿帕塔尼等部落组织的来源、地理分布进行了梳理，认为珞巴族部落组织出现了早期的阶级和等级，有被奴役的家族、氏族和部落，其中既有部落内婚，又有部落外婚，而且部落组织松弛，还处在以父系氏族社会为基础的发展阶段。值得一提的是，李坚尚和刘芳贤的《珞巴族的社会和文化》（1992 年）对珞巴族的氏族、等级、家长奴隶制和宗教等进行了很详细的论述，突破了以往著作以资料见长的局限性，而使用文化人类学的理论方法进行了研究，具有较高的学术价值。王玉平的《珞巴族》（1997 年）比较详细地叙述了珞巴族的神话传说、民间故事、婚姻仪式、生活习俗、宗教信仰、舞蹈等传统民族文化。龚锐和晋美的《珞巴族西藏米林县琼林村调查》（2004 年）是继我国少数民族社会历史大调查之后，民族学界对珞巴族社会进行调查的力作，以民族志的形式系统展现出琼林村这个珞巴族聚居村的生态环境、人口、经济、社会政治、婚姻家庭、法律、文化、民族风俗、教育、科技卫生、宗教等状况。

此外，也有学者从生态学和经济学的角度出发，对门巴族和珞巴族进行研究。张江华等的《雅鲁藏布江大峡谷生态环境与民族文化考察记》（2007 年）对墨脱县的生态环境、门巴族和珞巴族开发墨脱的历史、生态环境与刀耕火种农业、医疗、交通、旅游的关系等问题进行了详细的考察和记录，并且提出了富有建设性的建议，使传统的门巴族、珞巴族研究向生态学方面拓展。党秀云和周晓丽主编的《达木村调查·珞巴族》（2012 年）首次对达木村的社会经济发展状况进行了全方位的调查，弥补了以往研究不注重珞巴族社会经济发展的不足。由于印度的非法占领，我国学术界对该地区珞巴族人的情况并不了解，针对这种情况，一些学者或将外文书籍翻译成中文，或进行外文资料的梳理，补充了我国学术界对印度非法占领区珞巴族研究的不足。例如，李坚尚、丛晓明翻译的沙钦·罗伊所著的《珞巴族阿迪人的文化》（1991 年）一书主要对印占区珞巴族的情况进行了详细的叙述，李金轲和马得汶（2012）结合中外文资料，对珞巴族塔金部落的基本状况及其社会变迁情况进行了梳理。对 20 世纪 50 年代之前珞巴族尼西人的族源和分布，村落治理、经济生活，婚俗、节俗、传统娱乐方式、饮食和装饰等文化习俗、宗教信仰和传统社会生活的特点等情况进行了梳理和概括。他们的研究弥补了我国学术界对印度非法占领区珞巴族人的情况不甚了解的缺憾。可以说，这些概况性研究成果使我国的门巴族、珞巴族学术研究实现了从无到有的跃升，完整地展现出 20 世纪七八十年代到 21 世纪以来我国门巴族、珞巴族研究的学术发展脉络。

2. 民间文学

学术界对门巴族、珞巴族民间文学的研究起步较早，取得了丰富的研究成果，是门巴族、珞巴族学术研究的重要传统领域，于乃昌是这一领域的先行者。从 20 世纪 70 年代开始，于乃昌带领西藏民族学院门巴族民间文学调查组对门巴族民间文学进行调查、整理和研究，迈出了开拓性的一步，取得了很大成就，他组织整理和编写的《门巴族民间文学资料》（1979 年）主要对门巴族的 7 个神话、传说、故事和 31 首萨玛酒歌进行了详细记录。于乃昌整理的《珞巴族民间文学资料》（1980 年）集中了西藏民族学院珞巴族民间文学调查组 1979 年 6 ～ 7 月在米林县纳玉公社搜集整理的 4 首民间歌谣、5 个传说、16 个神话、9 个故事和 13 首谚语，首次以汉文形式将门巴族和珞巴族民间文学呈现出来。陈立明（2003a）的研究认为仓央嘉措情歌是门巴族与藏族文化交流的结晶，对藏族文学产生了深远的影响，具有很强的人民性，经受住了历史的考验，成为千古绝唱。

3. 民俗文化

1981 年同时刊发在《中国民族》杂志上的三篇文章：洛桑的《门巴族的衣饰》（1981 年）、陈景源的《门巴族的婚俗》（1981 年）、索文清的《花丛果林中的门巴族》（1981 年）是国内较早介绍门巴族民俗的文章，虽然浅显，但却具有开拓性意义。最早对珞巴族饮食民俗进行专门研究的是洛思（1989），他对珞巴族的农牧业生产方式、食物的种类和制作方式进行详细叙述后，认为珞巴族饮食有共食、均分的特点，强调了珞巴族饮食习俗与自然环境、生产方式、社会习俗、文化观念的密切关系。对门巴族舞蹈的研究，除了搜集整理门巴族、珞巴族戏曲文本外，于乃昌（1989a，1989b）还对门巴族的宗教舞蹈"呛木"进行了开创性的研究，认为该舞蹈富有自然崇拜、鬼魂崇拜、巫术活动的象征性意义，是门巴族人体文化的基本形式。在后来的研究中，于乃昌（1993）又提出门巴戏起源于酬神歌舞"巴呛木"，是门巴族创造的混合型艺术，融世俗、宗教、音乐、舞蹈、美术、工艺于一体，人类把自身美妙的歌喉和动作奉献给了神灵，《阿拉卡教》集中反映出门巴族戏剧艺术，表现出魔幻性与现实性的统一、时空重叠性和紧缩性、动作性和虚拟性、民主性和自由性的审美特性。陈立明（2003b）首次将门巴戏与藏戏进行对比研究，认为门巴戏深受藏戏影响，其在称谓、唱腔、演出方式和程式、乐器和剧目等方面与藏戏相同，而门巴戏保留了更为稚拙、原始的风貌，特色鲜明，取得了一定的突破。虽然门巴族和珞巴族都擅长狩猎，但是学术界对他们的狩猎习俗进行研究的著述并不多，仅姚兴奇（1992）分析了门巴族狩猎文化中禁忌习俗产生的原因、行为禁忌和物禁忌的内容，认为这些禁忌是基于门巴族狩猎社会的需要而产生的一种习俗文化，积淀、投射着门巴人向自身还无法控制和支配的大自然争取自身生存和发展的渴求自由权力的深层文化心理，将门巴族狩猎习俗的地位提升到一定高度。

4. 民族关系

20 世纪 80 年代，张江华的《门藏历史关系刍议》（1984 年）认为门巴族和藏族在文化上存在差异，而在政治和宗教上存在密切联系，在经济和文化上交流广泛。陈立明（2011）在对门巴族所信仰的苯教与藏族苯教进行比较研究的基础上提出，在门藏文化交流中，藏族文化处于强势，藏族文化对门巴族文化的影响远远大于门巴族文化对藏族文化的影响。在门巴族和藏族宗教文化交流中，门巴族在接受苯教和佛教的过程中，形成了佛苯杂糅和共存的信仰格局，非常清晰地呈现出了门巴族和藏族宗教文化交流的历史事实，具有非常重要的学术价值。陈立明在《藏门珞民族关系研究》（2003 年）中，对藏族、门巴族和珞巴族的民族关系进行了全面系统的梳理，堪称这一领域集大成者的重要论著。

5. 民族宗教

于乃昌（1980）较早对珞巴族的原始宗教信仰、原始祭祀与巫术、原始宗教孕育的珞巴族文学与艺术进行分门别类的论述，提出珞巴族的原始宗教经历了自然崇拜、图腾崇拜和祖先——英雄崇拜的累进过程，在这个过程中，不是次生的和再生的崇拜对原初的崇拜和既成的崇拜的替代，而是继承、补充、深化和发展，形成了各种原始崇拜的共生带。刘志群（1997）对珞巴族原始宗教祭祀仪式进行了长篇叙述，主要涉及自然崇拜、狩猎、农业、图腾崇拜、祖先崇拜等祭祀仪式的过程，认为珞巴族部落社会的基本组织是氏族，实行氏族外婚制，重点对"卡让辛"生殖崇拜活动和婚礼过程进行了叙述。陈立明（2008）对藏传佛教在门隅地区的传播历史进行梳理后提出，达旺寺的扩建使政教合一制度在门隅地区得以确立，对门巴族社会发展和社会制度、门巴族宗教信仰都产生了重大影响，藏传佛教在门隅的传播过程也是藏传佛教被门巴族地方化和民族化的过程。吕昭义和红梅（2004）将色目村神话传说中所反映出的"魔女"形象分为善良与邪恶两类，并从佛教和苯教两个方面对"魔女"文化进行了分析，认为色目村村民通过对"魔女"文化符号的解释，构建起一个囊括色目村村民的以生态观和价值观为基础的社会准则和文化体系。他们还对色目村门巴族所处的生态环境、经济体系、人口规模与生育行为、社会体系及观念意识体系等生态文明系统的现状进行了详细叙述，认为色目村门巴族的宇宙观、人生观和社会理念的核心是人的自我约束。

6. 人口迁徙

关于门巴族历史上的迁徙过程，扎西等的《西藏人口较少民族迁徙的政治经济动因及其对民族关系的影响》（2012 年）一文对西藏人口较少民族迁徙过程有所论述，总结分析了人口较少、民族迁徙主要归因于经济发展、人口增长、战争等。民族的迁徙造成社会经济结构的变化，同时也在一定程度上稳定了边缘政权。吴春宝和青觉的《西藏人口较少民族的就业结构及区域迁移动向分析——以门巴族为例》（2015年）首次定量化地研究了人口迁徙的基本规律。

7. 本科考分队的前期工作基础

本科考分队队员长期以来对喜马拉雅山南北坡地区的墨脱、察隅、米林、错那、隆子和朗县等地区自然地理学和人文地理学进行过深入的调查研究，对门珞文化具有深入的认识，此次考察结合其他环境考古队员的研究，可以深入地研究门珞文化脉络、人口迁徙、汉-藏-门-珞之间的亲缘性和历史渊源，以及其遗址时空分布与气候环境变化的关系。

1.2.3 生存环境

1. 现代过程研究

目前，这一地区湖泊现代过程研究主要包括两部分内容。①现代湖泊面积变化研究（辛晓冬等，2009；姚檀栋等，2010）及冰湖溃决灾害的预测（杨瑞敏等，2012）；②现代湖泊监测（崔颖颖等，2017；鞠建廷等，2015；Ju et al.，2017）。

1）现代湖泊面积变化研究及冰湖溃决灾害的预测

随着全球变暖加剧，冰川萎缩，湖泊面积快速扩张。藏东南是我国海洋性冰川最为发育的地区之一，该地区冰川消融强烈，加以丰富的降水，可能引起冰湖溃决、泥石流等自然灾害，对当地百姓生活造成严重威胁，因此开展现代湖泊变化的研究有助于评估全球变暖背景下其对当地百姓生活的影响。

辛晓冬等（2009）基于地形图、卫星数据等对然乌湖流域1980～2005年湖泊面积进行了研究（图1.2）。结果显示，这一时段湖泊面积增加速率为0.14km²/a，扩大面积占湖泊总面积的11.68%，且湖泊面积增加速率在2001～2005年最高。通过与流域内气象数据对比发现，湖泊加速扩张主要受冰川萎缩、冰川融水量加大的影响。值得注意的是，然乌湖不是封闭湖，理论上讲，随着水量增大，不会出现湖泊面积增大的过程（姚檀栋等，2010）。但是，然乌湖两岸及湖底地形比较特殊，且冰碛物堆积的堤坝较高，因此然乌湖的水只能通过冰碛物砾石间的缝隙流出。崔颖颖等（2017）通过然乌湖水文气象监测数据，结合SRM模型分析了然乌湖水量平衡过程及季节变化，结果认为观测期内冰川融水占然乌湖补给的54%以上。夏季和早秋可能会由于温度升高，冰川消融量大，因此冰川融水成为然乌湖补给的主控因素。在未来气候变暖的条件下，冰川融水将会在湖泊补给中占据更大比例，并可能使得流域内的冰湖水量增加，产生潜在灾害风险。

冰湖溃决是青藏高原主要的自然灾害之一，了解冰湖面积和水量变化及其原因有

图 1.2　1980 ～ 2005 年然乌湖流域冰碛湖泊面积扩大图

助于准确确定其溃决的可能性及破坏范围和程度。杨瑞敏等（2012）针对藏东南地区米堆冰湖——冰碛物阻塞冰湖开展工作。利用地形图、数字高程模型（DEM）及卫星影像资料，结合野外的实地水深测量，获得了不同时期该冰湖水量及其变化（图 1.3），同时，结合水位计等对原因进行了探讨。认为按目前水量增加的速率，冰湖再次溃决的可能性较小，但若冰湖发生堵塞或大量外来物质填充进冰湖，则可能导致冰湖再次发生溃决。

2）现代湖泊监测

现代湖泊监测是开展古气候重建的基础，目前在高原东南部地区也已开展了现代过程研究工作（鞠建廷等，2015；Ju et al.，2017）。

鞠建廷等（2015）对然乌湖开展了现代过程监测，包括水位、水温及湖泊水质参数等（图 1.4）。研究发现，冰川融水对然乌湖温度的时空变化有重要影响。同时，沉积物捕获器数据显示，该湖沉积速率非常大，通量具有明显的空间差异，说明了冰川融水对然乌湖沉积量有决定性影响。然乌湖水体和沉积物能够响应上游的冰川变化，因此基于这一湖泊可开展高分辨率的区域冰川和古气候研究。

Ju 等（2017）进一步对然乌湖流域降水、入湖河流和湖水的同位素进行分析，通

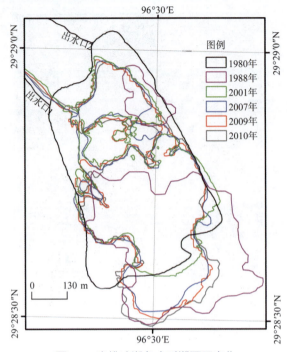

图 1.3 米堆冰湖各个时期面积变化

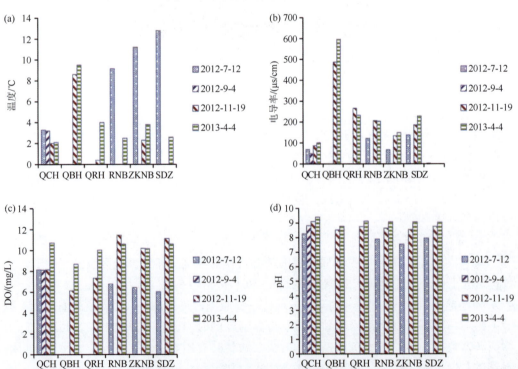

图 1.4 然乌湖流域河流水质参数季节变化

QCH. 曲尺河；QBH. 曲布河；QRH. 曲日河；RNB. 然弄巴；ZKNB. 真空弄巴；

SDZ. 水电站河流；以上均为然乌湖入湖河道

过同位素质量平衡模型计算得到 E/I 为 0.009[E/I：湖泊的蒸发（evaporation）与流入（inflow）之比]，是目前已知的青藏高原湖泊中最低的（图 1.5）。这一结果也说明作为过水性湖泊的然乌湖，湖水滞留时间非常短。冰川融水占总径流的 55% 以上，是已知的青藏高原湖泊中贡献最大的。

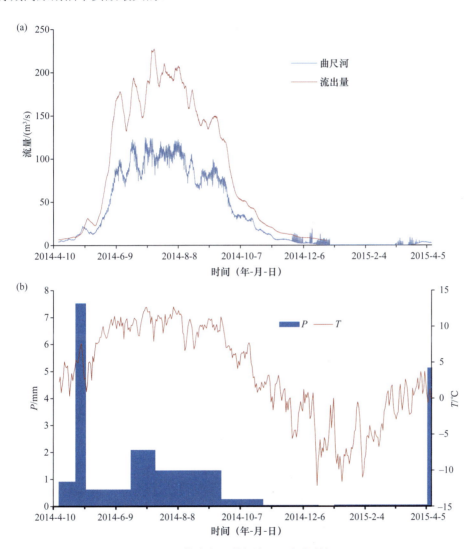

图 1.5　然乌湖季节径流量及气象数据

P. 降水；T. 温度

2. 古气候研究

过去二十余年，学者们利用不同古气候载体对青藏高原南部开展了过去气候与环境的研究与重建工作。研究的载体包括湖泊沉积物（Su et al.，2013；Bird et al.，2016；Huang et al.，2016；Li et al.，2016a，2017；Conroy et al.，2017；Zhang et al.，2017c；Guo et al.，2008）、湖/河相沉积（Zhu et al.，2008；Hu et al.，2017）、冰碛物

(Hu et al.，2015a) 和黄土 (Zhang et al.，2015；吴海锋等，2016) 等。选用的代用指标包括孢粉 (唐领余，1998；唐领余等，1999，2004；Li et al.，1999，2017；Guo et al.，2018)、硅藻 (李升峰等，1999，2001；羊向东等，2003)、无机地球化学 (朱立平等，2004；Zhu et al.，2008；Conroy et al.，2013；Li et al.，2016b；Hu et al.，2017) 和有机地球化学指标 (Bird et al.，2016)。

研究人员利用不同载体和代用指标重建了雅鲁藏布江中下游不同地区冰川的变化 (Huang et al.，2016；Zhang et al.，2017c)、季风降水历史 (Bird et al.，2014，2016；Conroy et al.，2017)、植被变化 (Li et al.，2017) 和湖水盐度重建 (羊向东等，2003) 等。

3. 冰川变化历史重建

传统的古冰川重建方法 (如地貌与冰碛物测年、湖泊记录的冰川侵蚀强度变化) 均存在一定的不足或缺陷，重建冰川变化历史是理解其变化机制、预测其未来变化的基础。目前对青藏高原晚全新世冰川时空变化模式的认识依然不清晰，尚不清楚其与北半球其他区域是否存在关联，缺少可靠的连续记录在长时间尺度背景上评估近代冰川的融化强度。

Zhang 等 (2017c) 对青藏高原南部枪勇冰川冰前湖沉积物进行了多方法 (植物残体、孢粉浓缩物、全有机质) 放射性碳测年，提出了一个重建古冰川融化强度的新指标 ("老孢粉效应"，即沉积物孢粉年龄与沉积物真实年龄的差值)。依据该研究提出的概念模型 (图1.6)，现代孢粉通过大气干湿沉降进入冰川积累区，并随着冰川流动

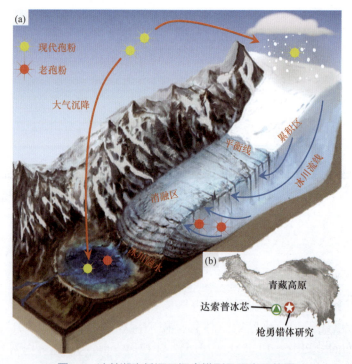

图 1.6　冰前湖孢粉沉积概念模型及研究区位置

逐渐变成老孢粉储存在消融区的老冰之中，冰川的加速融化会释放更多的老孢粉而进入冰前湖。本研究重建了该地区 2500 年来的冰川融化历史，与达索普冰芯氧同位素记录及青藏高原、欧洲的古冰川记录等具有较好的一致性（图 1.7），说明北半球温度、西风环流活动可能是高原季风区冰川晚全新世百年尺度波动的主控因素。对比发现，近代的冰川融化强度达到过去 2500 年以来最强，超过了历史上的中世纪暖期和罗马暖期。

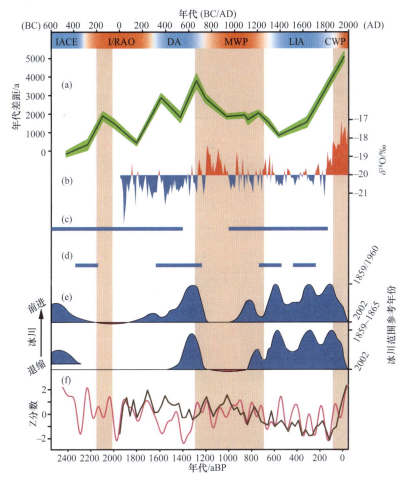

图 1.7　枪勇错老孢粉效应 (a) 与达索普冰芯氧同位素 (b)、青藏高原冰进期 [(c) 和 (d)]、欧洲冰川波动 (e) 以及全球及欧洲温度记录 (f) 对比

此外，Huang 等（2016）对位于该区域雅鲁藏布江重要支流帕隆藏布源头的一个冰湖——来古湖（图 1.8）开展了详细的研究。该研究利用 [14]C 测年手段确定年代框架，对来古上湖 3.82m 的湖芯进行了 X 射线荧光光谱分析（XRF）以及粒度、IC 分析，主要利用其中的磁化率、Sr 元素 CPS 作为流域冰川活动变化代用指标，重建了来古湖流域 8 ka 以来冰川活动变化，并与其他环境资料对比，分析了冰川变化的原因。结果发现，4.3 ~ 2.2 ka BP，流域出现明显的冰川前进，3.8 ~ 3.3 ka BP，在冰川面积稳定条

件下，可能由于大量降水降低了沉积物磁化率；2.2～1.6 ka BP 具有显著的冰川后退趋势。1.6 ka BP 至全球变暖前，冰川活动再次处于活跃阶段。通过与气候记录对比，认为藏东南地区长时间尺度冰川活动变化受控于北半球温度变化与夏季太阳辐射变化，

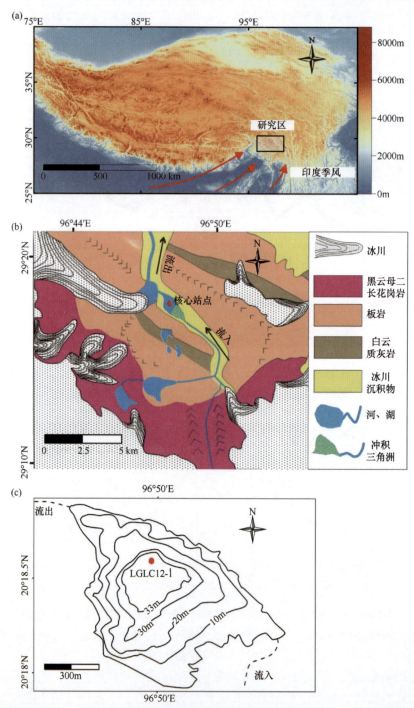

图 1.8　来古湖位置和采样地点地质与水文条件

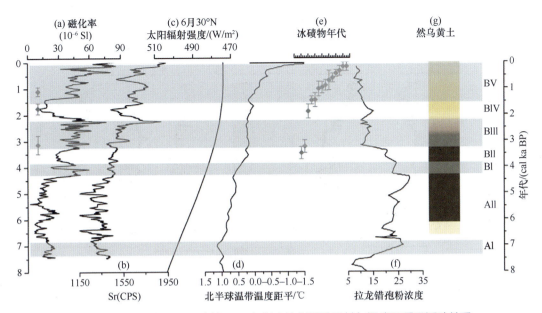

图 1.9　来古冰湖沉积反映的 8000 年以来冰川活动及其与温度和季风活动关系

(a) 磁化率；(b) Sr；(c) 太阳辐射强度；(d) 北半球异常温度；(e) 冰碛物年代；(f) 拉龙错孢粉浓度；(g) 然乌黄土

与印度季风的变化周期不对应（图 1.9）。但是，近 1000 年来藏东南地区冰川活动变化与季风降水变化更一致，与北半球温度变化存在一定差异，这表明温度并不是藏东南地区冰川活动唯一控制因素。

4. 季风降水变化历史

青藏高原东南部的夏季降水主要受印度季风的影响，重建印度季风强度在过去不同时期的变化，并讨论其影响因素有助于理解及预测未来降水变化。研究人员利用有机地球化学指标（Bird et al.，2014）、无机地球化学指标（Conroy et al.，2017）及沉积学指标（Bird et al.，2016）开展了全新世以来的季风重建工作。

Bird 等（2014）对帕如措开展工作，通过分析叶蜡单体氢同位素及沉积学指标，重建了全新世以来印度季风的强弱变化（图 1.10）。叶蜡单体氢同位素反映的是天气尺度（大尺度）季风的变化，而沉积学指标反映了湖泊水位的变化。结果显示，10.1 ~ 5.2 ka BP 湖面发生了 5 次百年尺度的波动变化；5 ka 以来，气候逐渐变干；但在 0.9 ka BP，气候湿润。帕如措重建的印度季风变化与青藏高原其他古气候记录相比（图 1.11），呈现相似的特征，表明季风变化在千年尺度上是一致的。季风在千年尺度上的变化与太阳辐射、热带辐合带（intertropical convergence zone，ITCZ）的移动及太平洋表层海水温度等密切相关（图 1.12）。而百年尺度的季风和湖泊水位变化则与高原表层空气温度的趋势基本一致，同时也与印度洋偶极子事件相关联。

除了千年尺度的变化，Conroy 等（2017）对更短事件尺度（几十年至百年）的季风变化及其影响因素进行了研究。作者对位于青藏高原南部的封闭湖盆——昂仁金错开展了工作，重建了晚全新世以来（4.1 ka BP）的气候变化（图 1.13）。通过统计学方

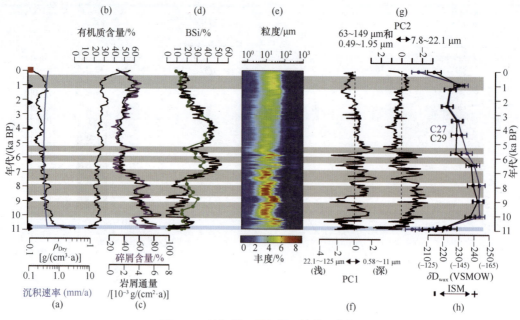

图 1.10　帕如措不同气候环境代用指标

（a）沉积速率；（b）有机质含量；（c）岩屑通量；（d）生物硅含量；（e）粒度；（f）PC1；（g）PC2；（h）δD

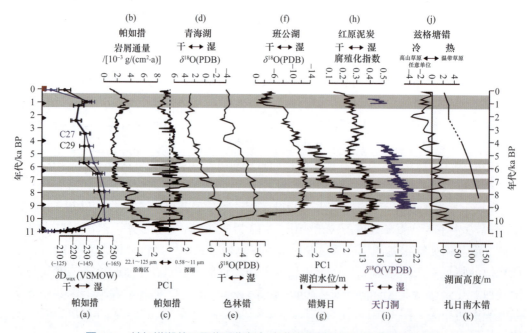

图 1.11　帕如措湖芯不同代用指标与青藏高原其他古气候重建结果对比

（a）帕如措 δD_{wax}；（b）帕如措岩屑通量；（c）帕如措 PC1；（d）青海湖氧同位素 $\delta^{18}O$；（e）色林错氧同位素 $\delta^{18}O$；（f）班公
湖氧同位素 $\delta^{18}O$；（g）错姆日湖泊水位；（h）红原泥炭腐殖化指数；（i）天门洞氧同位素 $\delta^{18}O$；（j）兹格塘错温度；
（k）扎日南木错湖面高度

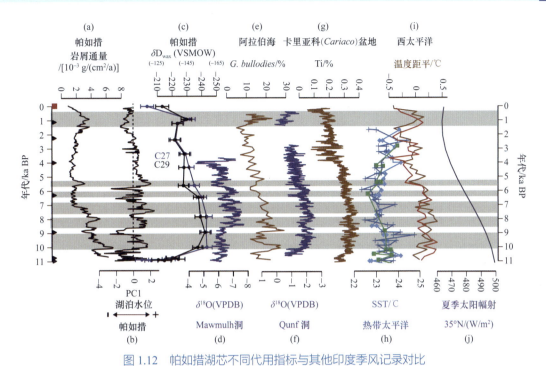

图 1.12　帕如措湖芯不同代用指标与其他印度季风记录对比

（a）帕如措岩屑通量；（b）帕如措 PC1；（c）帕如措 δD_{wax}；（d）Mawmulh 洞 $\delta^{18}O$；（e）阿拉伯海 *G. bullodies*；（f）Qunf 洞 $\delta^{18}O$；（g）卡里亚科（Cariaco）盆地 Ti；（h）热带太平洋海表温度；（i）西太平洋异常温度；（j）35°N 夏季太阳辐射

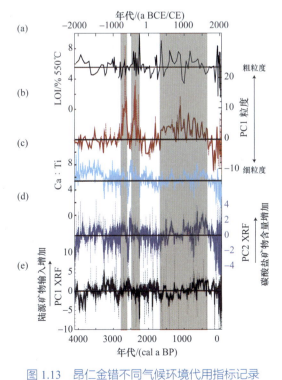

图 1.13　昂仁金错不同气候环境代用指标记录

（a）烧失量；（b）粒度 PC1；（c）Ca：Ti；（d）PC2 XRF；（e）PC1 XRF

法（主成分分析等手段）发现，粒度与夏季降雨强相关。1940～2007年，粒度变化与降水量呈反相关关系。卫星图片显示，20世纪70年代和21世纪前10年湖泊处于扩张状态，而20世纪80年代和90年代湖泊处于收缩状态（图1.14）。上升结果表明，季风降水主要影响湖泊面积的变化，从而决定粒度的变化。4.1 ka以来，出现了3个季风减弱的阶段，2.8～2.6 ka、2.5～2.3 ka和1.6～0.4 ka。相比于过去400年夏季降水的均值，在大约1 ka，降水增强，在公元1750～1850年达到峰值。与高原其他记录相比，昂仁金错与中南部降水变化一致，而与高原西部不同（图1.15）。说明晚全新世以来，在几十年至百年尺度上，降水存在空间差异性。不同于模型模拟得到的降水逐渐增加，20世纪的降水并没有超出过去4.1 ka的背景值。上述研究也指出对于短尺度季风的变化还有待进一步深入研究。

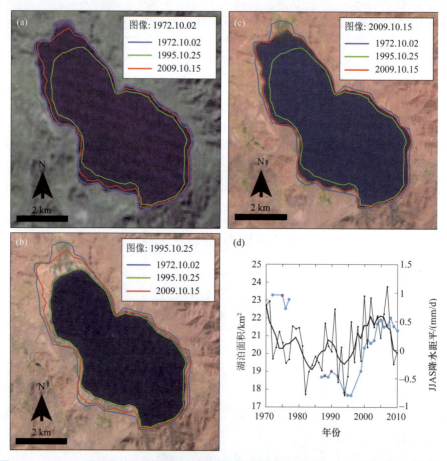

图1.14　Landsat卫星图片湖泊面积（不同时期昂仁金错湖泊面积）与再分析资料（降水）

为了进一步研究晚全新世以来印度季风的变化，Bird等（2016）选择在藏东南高山湖泊开展工作，在尼尔帕湖（Nir'pa）钻取湖芯并分析了沉积学及地球化学等代用指标（图1.16）。结果显示，过去3.3 ka以来，出现了2次高湖面时期，分别为3.3～2.4 ka BP以及1.3 ka前至今。通过粒度分析，2.4～1.3 ka，砂的含量快速增加，反映

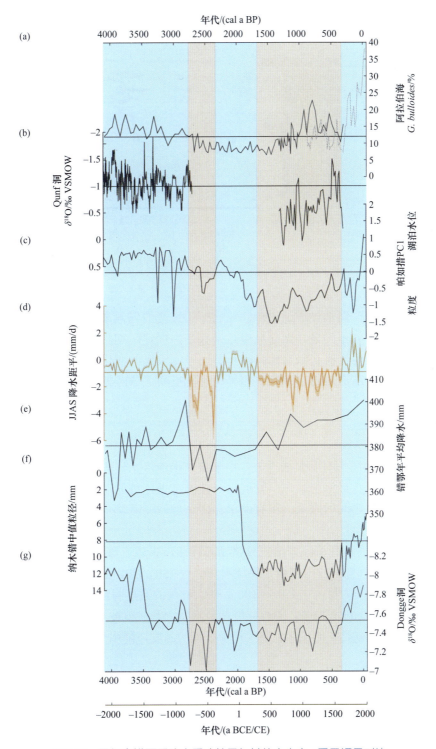

图 1.15 昂仁金错夏季降水重建结果与其他古水文 / 季风记录对比

(a) 阿拉伯海 *G.bulloides* 含量；(b) Qunf 洞 δ^{18}O；(c) 帕如措 PC1；(d) 6～9 月 JJAS 降水距平；

(e) 错鄂年平均降水；(f) 纳木错中值粒径；(g) Dongge 洞 δ^{18}O

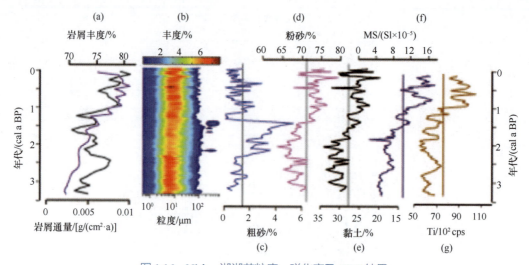

图 1.16　Nir'pa 湖湖芯粒度、磁化率及 XRF 结果

(a) 岩屑丰度及通量；(b) 粒度；(c) 粗砂；(d) 粉砂；(e) 黏土；(f) 磁化率；(g) Ti

了当时为干旱气候，湖泊处于低水位。相比千年尺度的气候事件，中世纪暖期、小冰期等事件在记录中并不明显。然而粒度结果只是中世纪暖期气候偏湿润，而小冰期气候较干。通过与其他气候记录对比，晚全新世印度季风的变化在高原中—东部具有空间的一致性，但与高原西部记录存在差异，可能反映了该时期季风的减弱和西风影响的增强。

5. 古植被变化

植被是生态系统的重要组成部分，由于藏东南地区水汽充足、海拔较低，该地区是青藏高原植被发育最好的区域。开展这一地区过去植被的重建工作，并讨论过去植被的变化与古气候之间的联系，将有助于评估在全球变暖背景下，气候变化对该地区植被的潜在影响。

Li 等（2017）通过分析藏东南巴松错湖芯样品，重建了该区域过去 1000 年以来植被和气候变化历史（图 1.17）。孢粉结果显示，867～750 a BP，植被以亚高山针叶林为主，气候以温暖、半湿润为特征；750～100 a BP，林线的高度明显下降，反映气候变冷，对应于小冰期。100 a BP 以来，随着温度和降水的上升，植被类型变为森林 - 草甸。统计分析结果认为植被类型的变化主要受控于区域的温度，降水的影响次之。

6. 古地貌研究

1）雅鲁藏布江的全新世风沙地层

雅鲁藏布江流域有测年记录的全新世剖面共计 35 个，年代样品共计 68 个，其中风沙层 26 个，古土壤、泥炭、黏土层 42 个。将 26 个风沙层年代按经纬度进行对比（图 1.18），经度范围 83°～95°E（仲巴到林芝），其中 85°～88°E 尚未发现已测定年代的风沙层。全新世以来雅鲁藏布江流域风沙堆积可以分为四个阶段：全新世初期

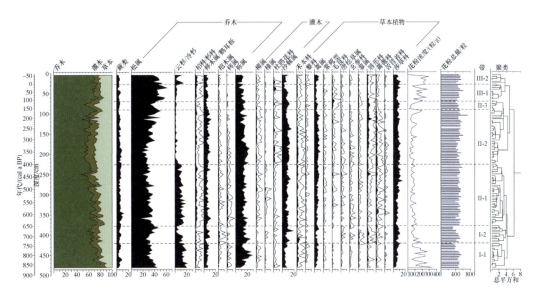

图 1.17 巴松错湖芯 BSCW-1 孢粉图谱

（距今 11 ～ 8.2 ka），89° ～ 95°E（日喀则到林芝段）有风成沙沉积；全新世中期（距今 6 ～ 4.5 ka），83° ～ 95°E（仲巴到林芝）有少量风沙沉积；全新世晚期（距今 3 ～ 1.8 ka），84°E（仲巴）和 88° ～ 92°E（荣玛到泽当）有风沙沉积；距今 0.7 ka 在 94°E（卧龙）有风沙沉积。

　　将 42 个古土壤、泥炭或黏土层的年代按经纬度进行对比，经度范围为 83° ～ 92°E（仲巴到泽当），其中 85° ～ 87°E 尚未发现已测定年代的古土壤。全新世以来古土壤发育时间按照上游和中游可以分为三个不同阶段，其中第一个阶段相近，为全新世早期（距今 10 ka），84°E（仲巴）和 91°E（江塘）附近有古土壤发育；上游（84°E 仲巴附近）全新世大暖期（距今 8 ～ 6.5 ka）发育古土壤，全新世中晚期（距今 4.2 ～ 0.8 ka）发育古土壤；中游（90° ～ 92°E 江塘到扎囊附近）全新世大暖期（距今 8.2 ～ 7 ka）发育古土壤，87° ～ 91°E 昂仁到扎囊附近全新世中晚期（距今 5.8 ～ 2 ka）发育古土壤。可以确定的是全新世大暖期（距今 8 ～ 6 ka）和全新世中期（距今 4.5 ～ 3 ka）左右全区几乎无风沙层沉积，且有古土壤发育。全新世早期（距今 10 ka）前后在上游未发现风沙沉积，全新世中期（距今 6 ～ 4.5 ka）上游有风沙沉积但无古土壤发育，全新世晚期（距今 3 ka）以来上游均有风沙沉积和古土壤发育。全新世早期（距今 11 ～ 8.2 ka）、全新世中期（距今 6 ～ 4.5 ka）、全新世晚期（距今 3 ka）以来中游地区有风沙沉积和古土壤发育。

　　雅鲁藏布江流域现有的古土壤发育研究为在该地区寻找不同时期的人类活动地点提供了线索，是科考活动的重要支撑。

　　2) 雅鲁藏布江中下游古堰塞湖和古洪水

　　雅鲁藏布江自西向东流经一系列近南北向裂谷带后，绕东喜马拉雅构造结南迦巴瓦峰转向南流，出大峡谷后流向印度恒河平原（印度境内称为布拉马普特拉河），在平

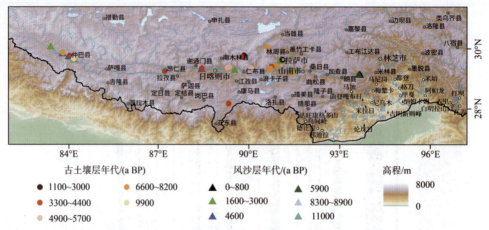

图 1.18 雅鲁藏布江流域风沙层和古土壤层年代范围

面上呈"U"字形大拐弯形态,在河流纵剖面上形成加查裂点(第二大裂点)和南迦巴瓦裂点(第一大裂点)。巨大的地形高差、强烈的内外营力作用、快速的地貌演化和丰富的河谷沉积,使得雅鲁藏布江大拐弯地区成为研究气候、剥蚀与构造相互作用的热点区域(杨逸畴等,1987;丁林等,1995;王二七等,2002;张进江等,2003;Zeitler et al.,2001,2014;Burbank et al.,2003;Finnegan et al.,2008;Korup and Montgomery,2008;Xu et al.,2012b;Wang et al.,2014;Tu et al.. 2015;Bracciali et al.,2016)。

雅鲁藏布江河流沉积蕴含了有关气候、构造和侵蚀过程的独特信息(王兆印等,2014;Montgomery et al.,2004;Zhu et al.,2013;Pickering et al.,2014;Liu et al.,2015;Loibl et al.,2015;Huang et al.,2017a;Srivastava et al.,2017)。通过对大峡谷入口处厚度 > 700 m 的河湖相沉积开展系统的地层年代学研究,迄今为止获得了大峡谷河谷演化的几个重要时间节点(图 1.19):①至少在约 2.5 Ma 以前,雅鲁藏布江就已经深入侵蚀到高原内部,其后南迦巴瓦构造开始加速隆升,阻碍了河流的溯源侵蚀,形成了分隔上游冲填楔和下游陡峭大峡谷的巨型裂点,大峡谷内的高侵蚀速率是岩石快速抬升的直接反馈(Wang et al.,2014);②约 1 Ma 前南迦巴瓦峰冰川启动,冰川坝堵江堰塞导致河谷沉积由河流相转为河湖相,其后十余次短时间尺度的河–湖相沉积转换可能与中更新世气候转型以来冰期–间冰期(或冰阶–间冰阶)的气候波动(周尚红等,2007;Owen and Dortch,2014)相关联;③末次冰期以来冰川堰塞湖、堰塞坝溃决洪水所构建的极端气候–灾害事件序列,对雅鲁藏布江大峡谷现今河谷地貌和流域生态环境有重要影响。

上述时间节点为探讨大峡谷地貌过程的控制因素提供了重要依据。同时,通过对雅鲁藏布江流域河谷沉积建立详尽的短尺度气候变化序列,借以解读全球最强季风盛行地区的环境变化等方面尚存在巨大的研究潜力。尽管人们日益认识到,陆地沉积中广泛分布着与冰川坝、滑坡坝引发的溃决大洪水相关的沉积记录(Chen et al.,2016;Wu and Zhu,2016;Srivastava et al.,2017),但对于洪水的下切过程和洪水流量的准确估算仍在探讨和深化中(Larsen and Lamb,2016;Perron and Venditti,2016)。在雅鲁

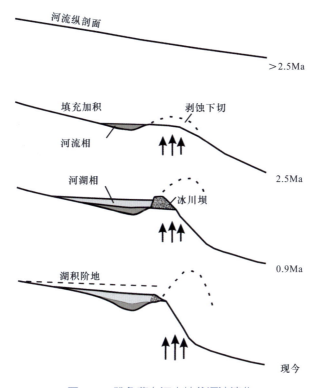

图 1.19　雅鲁藏布江大峡谷河流演化

藏布江这条发育着世界上最深峡谷的流域内开展古堰塞湖 – 堰塞坝 – 溃决洪水的深入研究，不仅有助于理解雅鲁藏布江河流发育与气候、地貌的关系，更有助于理解人类活动与雅鲁藏布江在漫长历史中的相互关系。

7. 科考队前期工作基础

1）青藏高原甘油二烷基甘油四醚膜脂类化合物 – 温度转换方程的建立

通过对青藏高原 27 个湖泊表层沉积物及部分湖泊流域表土样品甘油二烷基甘油四醚膜脂类化合物（glycerol dialkl gylcerol tetraethers，GDGTs）进行分析，探讨湖泊表层沉积物中 GDGTs 分布特征的影响因素，并建立其与气候要素的定量关系（图 1.20）。结果显示：①绝大多数湖泊表层沉积物 GDGTs 以 bGDGTs 为主，crenarchaeol（古菌细胞膜脂类）和 GDGT-0 含量较低；②高原多数湖泊表层沉积物与表土 GDGTs 分布没有显著差异，表明 iGDGTs 可能同时来源于湖泊环境和陆源输入；③湖泊表层沉积物 iGDGTs 分布主要受湖水水化学要素（pH 和盐度）及近地表大气年均温的影响，对于青藏高原小型湖泊，TEX_{86} 可能反映湖水 pH 的变化；④湖泊表层沉积物 bGDGTs 分布主要受气候要素（温度和降水）控制；⑤利用已发表的转换方程重建青藏高原同一地区温度差异明显，因此利用 GDGTs 定量重建青藏高原过去气候前必须开展 GDGTs 的现代过程调查。本节基于湖泊表层沉积物 bGDGTs 分布，分别利用代用指标甲基化指数（MBT）、环化指数（CBT）及不同 bGDGTs 化合物组分丰度（f_{abun}）与湖泊所在地的年均

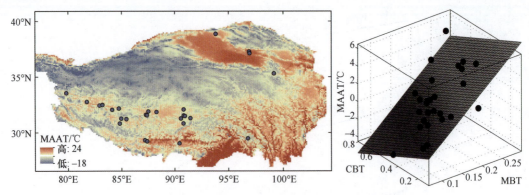

图 1.20 青藏高原湖泊表层沉积物 MBT(GDGTs 甲基化指数)、
CBT(GDGTs 环化指数) 及年均气温多元线性拟合

气温（MAAT）建立了适用于青藏高原湖泊古气候研究的转换方程，为高原古气候定量重建提供研究基础。

2）藏东南地区现代植物的有机地球化学指标研究

通过对藏东南地区然乌湖流域及美国布拉池（Blood Pond）流域现代植物样品的分析（图 1.21）发现，从统计学意义上讲，木本植物和草本植物平均碳链长度并不存在显著性差异。同时，我们收集了已发表的全球现代植物样品 ACL 数据，得到相同的结论。在 26 个研究区中，19 个研究区的木本和草本植物 ACL 不具有显著性差异（图 1.22）。因此在利用 ACL 重建过去植被及气候环境变化时应十分谨慎。

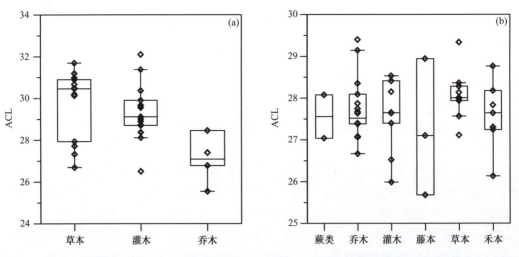

图 1.21 藏东南然乌湖 (a) 和美国布拉池 (Blood Pond) 流域 (b) 现代植物平均碳链长度

3）雅鲁藏布江中下游古堰塞湖和古洪水沉积

自古以来河谷地区就是人类临水而居、择水而憩的自然选择，而大规模的堵江堰塞和灾害性洪水事件等常会破坏这一人类赖以生存和发展的地理环境，并在河谷沉积物中保留事件最主要甚至是唯一的记录。受末次冰期以来气候波动的影响，雅鲁藏布

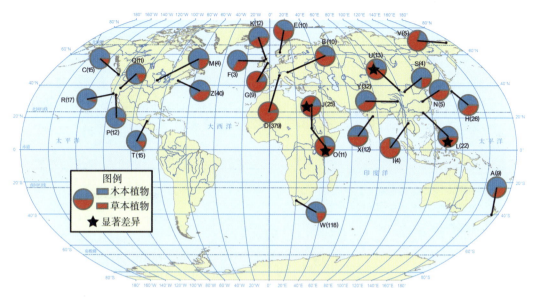

图 1.22　已发表的全球 26 个研究区及现代植物 ACL 统计学分析结果

江河道多次发生冰川堵江 – 堰塞淤积 – 溢流下切 – 溃坝洪水事件，对流域地理环境产生重大影响。

该科考分队王萍研究员通过雅鲁藏布江大峡谷上游的林芝古堰塞湖的沉积学、年代学等方面的工作，识别出 3 期古堰塞湖事件，分别发生于 40 ～ 20 ka BP、10 ～ 5 ka BP 和 2 ～ 1 ka BP（图 1.23）；在大峡谷下游的墨脱河段，发现距今约 15 ka 以来发生了多期溃决洪水事件；对下游的布拉马普特拉河进行研究后，发现瓦里·贝茨瓦（Wari-Bateshwar）古堡的兴衰与洪水事件相关。

图 1.23　雅鲁藏布江林芝古堰塞湖被侵蚀后形成的湖积阶地

雅鲁藏布江流域广泛发育有古堰塞湖群（图1.24），其成因多与冰川活动相关，而堰塞坝的溃决则主要与冰川消融有关。调查发现，人类活动的遗迹常存在于不同高度的湖积阶地及洪泛平原上。因此，通过古堰塞湖、堰塞坝和溃坝洪水三位一体的沉积体系和时序特征的建立，可以恢复河谷区地理和环境的演化过程，为末次冰期以来不同时期的人类活动地点提供线索；对与人类活动遗迹相关的沉积和地貌开展细致的调查和环境等样品的测试，将提高对考古环境认识的深度和广度。

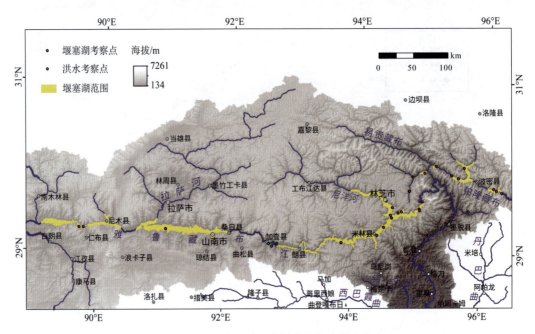

图 1.24　雅鲁藏布江流域古堰塞湖与古洪水考察点

1.3　本次科考概况

2018年10月25日～11月30日，第二次青藏高原综合科学考察"藏东南人类活动遗迹及生存环境调查"科考分队完成了野外工作。

此次考察内容主要围绕着人类活动遗迹调查、古堰塞湖及溃坝洪水调查、湖泊钻探、门巴族和珞巴族聚落调查及墨脱县农牧业现状调查这五个方面展开。野外考察从拉萨河谷开始，从拉萨周边一直延伸到当雄羊八井镇以北。对雅鲁藏布江流域的调查，从浪卡子县经曲水、贡嘎、扎囊、泽当、琼结、桑日、曲松、加查、朗县、米林到林芝市，然后从林芝市到波密县和墨脱县。此外，门珞文化调查向南延伸到山南的隆子县和错那县，向东扩展到察隅县（图1.25）。

人类活动遗迹调查组先后对雅鲁藏布江及拉萨河、雅砻河、尼洋河等支流河谷以往发现的地表石器采集点进行了实地考察，共调查人类活动遗迹点40处，确定了24处遗迹点的文化层并采集到了人类活动遗物标本及样品，包括大量陶片、石制品、

图 1.25　科考队考察路线

炭屑、动物骨骼及人骨；并在 16 处遗迹点上采集了浮选土样，18 处遗迹点留取植硅体土样，进行室内实验分析获得人类对植物资源利用的信息。本科考分队新发现 5 处人类活动遗迹点，获得 43 个 AMS ^{14}C 测年结果，提取到距今 3600 年以来粟、黍、大麦、小麦和豌豆（*Pisum sativum*）等农作物遗存，成功构建了藏东南人类活动历史及经济模式的演变过程。在新发现的林芝立定遗址获取到西藏地区最早的大麦遗存，其丰富的文化内涵，将填补藏东南区域人类早期活动历史，可能对重建高原文明演化提供有效实证。

地貌组、植物组与人类活动遗迹调查组一起考察了人类活动遗迹点所处的冰川及河湖地貌，并重点围绕遗址点的地貌和沉积进行 GPS 测量、沉积分析和年代样品的采集，共采集光释光与 ^{14}C 年代学样品约 60 个，为后期古堰塞湖 – 堰塞坝 – 洪水堆积的沉积体系的精细划分，恢复古地理、古环境，分析人 – 地相互关系的演化打下坚实基础；植物组采集了沿线表土样品及可利用植物资源样本，完成表土花粉代表性样品的分析工作，为未来利用花粉分析定量重建人类社会发展的生存背景提供了基础资料；利用植物样本完成了花粉和淀粉粒分析，为重建高原人类社会发展的生计模式演变提供了基础资料。

湖泊组利用浅剖仪和测深仪分别对基础水文资料较为空白的巴松措和措木及日湖进行了湖底沉积层扫描和水深测量，获得了湖泊沉积物特征和湖泊水深图，在此基础上获取了巴松措重力钻岩心 1 根、水样剖面 1 套、表层水样 6 个，措木及日湖重力钻岩心 2 根、水样剖面 1 套、水样 5 个，然乌湖重力钻岩心 5 根、表层水样 6 个。现已完成部分样品的分析工作。科考所获岩心是重建藏东南地区近几百年温度、季风降水变化的重要素材，也是研究藏东南地区水热格局变化与古人类农牧业社会关系的基础资料。

门珞文化组深入山南市的错那县、隆子县和林芝市的墨脱县、察隅县进行调查，对四县的社会形态和民族关系进行全面、细致的考察，重点关注民族迁移问题、民族宗教文化和小康社会建设情况，其重建的历史时期门珞族群迁移路线，为讨论西藏史前–早期金属时代文化的跨境和跨区域交流及农作物的传播路线提供了借鉴。

农牧业组对藏东南墨脱县 7 个乡镇、12 个行政村（包括 5 个边境村）的现代农牧业情况进行考察，内容包括农牧业人口经济、原始的刀耕火种农耕文化、以亚热带水果和墨脱高山有机茶为代表的林果业特色产业。同时分层（0 ～ 40cm）采集了传统玉米（*Zea mays*）种植地、水稻（*Oryza sativa*）田（>100 年）、高山有机茶园及香蕉林地 4 种主要土地利用类型（共计 12 块样地）下土壤容重、水分、有机碳样品 144 份，并对不同土地利用下耕地质量、区域有机碳储量进行分析，进一步评价墨脱县的资源环境承载能力。农牧组的考察为研究西藏史前–早期金属时代人类社会发展的生计模式提供了现代过程信息，能够为国家边境小康示范村项目建设和边境发展战略调整提供参考意见。

本次野外考察是第二次青藏高原综合科学考察研究"人类活动历史与环境效应"专题的重要组成部分，对于进一步理解藏东南地区史前人类活动情况，认识该地区人类生存环境演变，填补史前人类活动研究空白具有重要意义。野外工作中，各单位队员通力合作，团结互助，圆满完成了各项预定考察任务。

第2章

藏东南人类活动遗迹调查

2.1 概况

本科考分队 2018 年科考集中在雅鲁藏布江流域拉萨至墨脱段。在调查区内，过去 40 年来发现的人类活动遗迹约有 40 处（国家文物局，2010），但遗物（石器、陶器）多为地表采集，缺乏确切层位、年代及生计模式研究。

调查区内经过正式考古发掘的只有拉萨曲贡（3.7 ~ 3.5 ka BP）和琼结邦嘎（3 ka BP）遗址（李林辉，2001；夏格旺堆，2001；霍巍等，2013），关于贡嘎昌果沟（3.4 ~ 3.0 ka BP）遗址正式发表的文献只有一个灰坑的植物遗存和地表采集的各类型石器分析（刘景芝和赵慧民，1999；傅大雄，2001），林芝地区的都普遗址、林芝村遗址和拉颇遗址仅有小规模试掘（丹扎，1990；夏格旺堆和李林辉，2006）。

拉萨曲贡发现于 1985 年，这次发现首次提出了"曲贡文化"的命名，为自此之后西藏腹地曲贡遗址的深入发掘和研究工作奠定了坚实的工作基础（西藏文管会文物普查队，1985）。经过了 1990 年、1991 年和 1992 年三个季度的发掘，发现早晚两期文化堆积。虽然 6 个木炭测年结果揭示遗址早期文化堆积为距今 3700 ~ 3500 年，但考古学家推测，曲贡遗址可以早至 4000 多年前（中国社会科学院考古研究所和西藏自治区文物局，1999）。曲贡遗址是雅鲁藏布江流域迄今为止发掘面积最大、海拔最高（3680m）、年代最老的新石器时代遗址，被评为 1991 年十大考古发现。曲贡遗址的考古发掘证明拉萨周围至少早在距今 3700 年前就有人类居住，且从事农耕、畜牧、狩猎、采集活动；网坠、鱼骨的遗存表明当时拉萨河鱼类资源丰富，当地人早有食鱼的习惯。但至今，尚未对曲贡遗址开展植物考古工作，是否真有农耕？是粟作还是麦作？这些定居于曲贡遗址的人群从哪里来？这些问题还无法回答。

琼结邦嘎遗址也发现于 1985 年，一次试掘和两次系统发掘展示了雅鲁藏布江流域人群在距今 3000 年前后从农业社会向牧业社会的转型（李林辉，2001；夏格旺堆，2001；霍巍，2013）。昌果沟遗址首次发现于 1991 年全区文物普查工作中（何强，1994 年），这次工作对遗址地表采集的石器和陶器进行了分析研究，并确认该遗址是一处新石器时代遗址。1994 年，中国社会科学院考古研究所曾对其进行过发掘，但至今没有正式发表发掘报告，文献所见只有一处灰坑及在灰坑中发现青稞、小麦和粟的炭化种子或植硅体的报道，其直接测年结果为距今 3400 ~ 3000 年，是西藏腹地目前最早的农作物遗存证据（傅大雄，2001）。但贡嘎昌果沟位于雅鲁藏布江中游，这些农作物不可能从天而降，它们怎么到达藏南腹地？

针对上述问题，人类活动遗迹调查的具体内容和研究方案如下：①人类活动遗迹调查，查清雅鲁藏布江中下游古人类活动遗址（旧石器、新石器、早期金属时代 – 历史时期）时空分布的相关信息，包括数量、位置、规模、名称、建设、使用和废弃年代等信息（对年代不清楚的遗址进行测年样品采集），并绘制不同时期古遗址空间分布图。②古代动植物资源调查，系统采集考古遗址人骨和动物骨骼样品、土样等，通过对土样的浮选获得植物大化石，并对植物大化石和微体化石进行鉴定分析，以及对动物骨骼进行鉴定，揭示不同时期人类所利用的植物和动物资源状况。

野外调查路线如图 2.1 所示，主要调查区域包括雅鲁藏布江中下游及拉萨河、尼洋河、波堆藏布、帕隆藏布等支流河谷。野外工作时间为 2018 年 10 月 25 日～2018 年 11 月 25 日。

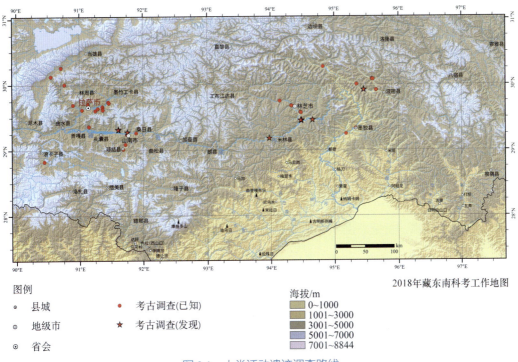

图 2.1　人类活动遗迹调查路线

2.2　拉萨河谷

在拉萨河谷一共调查了 14 个人类活动遗迹点（表 2.1）。在曲贡遗址采集了 4 个剖面的沉积物，获得了动物骨骼和文化层堆积物样品；在达孜区 5 个遗迹点，仅在曲隆石器点发现的一处灰坑有一定意义；在当雄加日塘遗址文化层获得了文化层堆积样品及石器。根据曲贡遗址炭化麦残块和粟 / 黍植硅体的发现，明确了拉萨河谷最早的农业为距今 3500 年前后的麦 / 粟混作。

表 2.1　拉萨河谷人类活动遗迹点调查概况

序号	遗迹点名称	经纬度	海拔 /m	遗迹遗物概况	采集样品
1	曲贡遗址	29.700°N，91.128°E	3700	陶片、石制品、骨骸	植硅体土样、浮选土样、炭屑
2	朱西沟石器地点	29.736°N，91.448°E	3730	陶片	无
3	谢扎沃村墓地	29.722°N，91.461°E	3850	墓地	无
4	德庆石器地点	29.666°N，91.359°E	3688	陶片	植硅体土样、浮选土样、炭屑
5	宁康石器地点	29.646°N，91.361°E	3724	无	无
6	邦乌石器地点	29.616°N，91.363°E	3812	陶片	浮选土样、炭屑

续表

序号	遗迹点名称	经纬度	海拔 /m	遗迹遗物概况	采集样品
7	曲隆石器地点	29.636°N，91.286°E	3755	陶片、石制品	植硅体土样、浮选土样、炭屑
8	曲隆村墓地	29.636°N，91.283°E	3800	墓地	无
9	拉觉石器地点	29.616°N，91.035°E	3629	无	无
10	昌东石器地点	29.691°N，90.893°E	3701	石制品	无
11	邱桑遗址	30.003°N，90.759°E	4242	无	无
12	加日塘遗址	30.124°N，90.542°E	4311	石制品	植硅体土样、浮选土样
13	吐追纳卡石器地点	30.259°N，90.704°E	4445	石制品	无
14	俄布石器地点	30.256°N，90.705°E	4488	石制品	无

2.2.1 拉萨曲贡遗址调查

曲贡遗址现位于拉萨市西藏军区总医院北侧（图 2.2）、色拉乌孜山山脚的洪积砂土层中。1990～1992 年，中国社会科学院考古研究所王仁湘带队曾对该遗址分两个区域进行过三次发掘，发掘总面积 3000 余平方米。Ⅰ区清理早期墓葬 3 座，灰坑 22 座，晚期石室墓 12 座；Ⅱ区清理晚期石室墓 17 座，祭祀遗迹 2 处，祭祀石台 6 座。遗址出土文物 1 万余件，有石器、陶器、骨器、铜镜及大量动物骨骼。

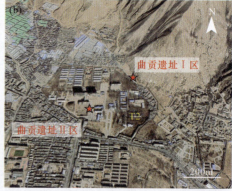

图 2.2 曲贡遗址地貌影像与航拍照片

1. 曲贡遗址地貌环境调查

通过野外调查发现曲贡遗址位于拉萨河 T2 阶地之上。其中曲贡遗址 I 区位于巴日村东侧山脚下，海拔 3700m。其东侧山完全由基岩构造，岩性为花岗岩，岩石表面可见明显风化。曲贡遗址 II 区位于 I 区西南侧 500m 的军区总医院内。在医院正在开挖的基坑中发现有文化层，厚度为 10～20cm。文化层下部为河流相砾石，砾石直径为 20～100cm，次棱角状，岩性为灰岩和花岗岩。文化层上部为后期洪积物。

2. 曲贡遗址野外调查与样品采集

遗址现在的保护情况很差，生活垃圾遍地。在遗址点清理出 4 个剖面，剖面描述及采样情况如下。

1）剖面 1

剖面 1 经纬度为 29.701°N，91.129°E，海拔 3680m。在基岩上覆粗砂层里发现有动物牙齿和陶片（图 2.3）。未采样。

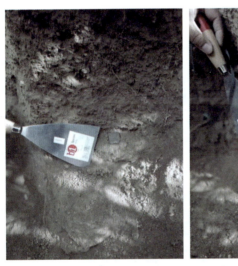

图 2.3 发现陶片和动物牙齿的地层剖面

2）剖面 2

剖面 2 经纬度为 29.701°N，91.128°E，海拔 3656.0 m。

剖面 2 为当年发掘的探方北壁。在探方地表收集到磨制石球和石磨棒断块一个。清理剖面过程中，在文化层和文化层下部层位清理出动物骨骼和陶片。剖面顶端到底部距离 2.7m，可分为 3 层（图 2.4）。0～2.2m 为坡积形成的黄色砂土层，砂砾较粗，为自然地层。2.2～2.45m 为明显的文化层，发现有陶片、骨头和炭屑。2.45～2.7m 为浅红色砂层，出现少量骨头和陶片。在文化层采集土样 3 袋，在文化层上部自然地层采集土样 1 袋。

图 2.4　剖面 2 照片 (红色虚线标示文化层界线)

3）剖面 3

剖面 3 为当年考古发掘遗留的探方壁（图 2.5），清理剖面并下挖后发现底部已到基岩，基岩以上均为夹杂有不规则块状花岗岩的粗砂坡积地层，未发现人类活动遗迹和遗物。

图 2.5　剖面 3

4）剖面 4

剖面 4 经纬度为 29.702°N，91.128°E，海拔 3685.0 m。

　　文化层夹杂在两个坡洪积物中，沉积物主要为浅黄色中粗砂夹碎屑层，无水平层理的混杂堆积，夹杂少量碎屑砾石，砾石直径 3 ～ 20 cm，磨圆分选较差，岩性为花岗岩。推测这些物质为坡面水流冲刷山坡物质堆积。文化层为中砂夹杂少量粉砂构成，说明文化层形成过程中降水较上下坡洪积物形成时少，存在风力搬运堆积（图 2.6）。

图 2.6　剖面 4 概览

　　剖面 4 高约 6m（图 2.7），距顶部 4 ～ 4.5 m 处发育有一层灰黑色的水平条带状薄层，层内含有较多碳酸盐菌丝体（推测当时气候湿润，有一定的碳酸盐淋溶并淀积保存），在该地层中发现 3 件陶片、1 件骨头及紫色的疑似植物的根部样品。黑层上部覆花岗岩坡积砂砾层厚约 4m，黑层下部为风成砂层，厚约 1.5m，未见底。清理剖面时发现黑层的上部和下部地层紧实坚硬，黑层则较为疏松。推测该剖面的条带状黑层可能是文化层。在黑层上部、内部及下部各取 1 袋植硅体土样，并在黑层内部取浮选土样 1 袋。

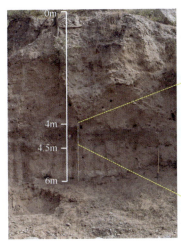

图 2.7　剖面 4 及考古遗物位置

红色虚线标示文化层界线；P1、P2 为剖面中的陶片；B1 为骨头

2.2.2　达孜曲隆石器点调查

坐标点：91.286°E，29.636°N，海拔 3755m。

该遗迹点位于山前洪积扇上，曾经在地表采集到石器。调查时也在地表采集到磨制石锛、石磨棒和大量夹砂红陶，还采集到一片黑灰陶片。

野外对编号为 P2（图 2.8）的剖面进行了样品采集。该剖面大致南北方向延伸、剖面朝西。地层自上而下描述如下。

① 表土层，黄土夹杂大量小型砾石和小型石块，厚度不一，100～150cm，应为冲积形成的地层。

② 黄土层，为纯净黄土，土质坚硬，厚约 60cm，可能为风成黄土，最下部有一砾石透镜体，砾石分选较好且粒径较小。

③ 黄土层，为纯净黄土，土质坚硬，厚约 70cm，最下部有一砾石层，在剖面上并不连续但基本处于同一水平层，砾石体积较大。

①、②层之间有一坑状堆积，编号 H1，深约 10cm、开口宽约 50cm，灰色填土，土质松软，包含有陶片和炭屑。陶片为夹砂红陶，制作粗疏，年代不定。H1 取浮选土样和植硅体土样各一袋。

图 2.8　曲隆石器点剖面 2

2.2.3　当雄加日塘遗址调查

1. 加日塘遗址地貌环境调查

加日塘遗址（30.124°N，90.542°E，海拔 4300 m）位于羊八井盆地内的朗布曲河流西侧的冲积扇台地上，高出河床 4～5m。遗址西侧紧邻青藏铁路东侧（约 30m），东距青藏公路约 500m，南距羊八井镇约 5km。遗址点周围是天然牧场，附近兼有少量农业，属于农牧过渡区。

我们在遗址试掘 50 cm 小坑，其地层关系为：0～20 cm 为人为扰动层，20～40 cm 为青灰色细砂，40～50 cm 为铁锈色黏土层。为了厘清遗址周围阶地，对距遗址下游 1.8 km 处发育的典型的河流阶地剖面进行研究（图 2.9）。剖面厚约 4 m；顶部 0～60 cm 为洪积物；60～80 cm 为灰黑色泥炭层；80～120 cm 为浅黄色河流相砂层；120～400 cm 为河流相砾石层，砾石直径为 10～30 cm。推断该剖面中的泥炭层和遗址中的泥炭同期，可能是晚全新世堆积。

洪积物
泥炭层
河流相砂层
河流相砾石层

图 2.9　当雄—羊八井朗布曲河流阶地地层

2. 加日塘遗址野外调查与样品采集

为配合青藏铁路建设，2003～2004 年在该遗址分 3 个区经历了 3 次发掘，揭露面积近 3000m²，采集和出土遗物近 2800 件，其中石器占绝大多数，陶片和其他遗物较少，仅发现火塘和灰坑遗迹各一处。测年结果为 3200～2900cal a BP。目前发掘面积最大、探方最密集的 I 区已被青藏铁路覆盖，紧邻铁路的 II 区探方仍清晰可见（图 2.10）。

图 2.10　加日塘遗址现存Ⅱ区探方

　　本次考察中，在加日塘遗址现存Ⅱ区探方的西壁扩方，试掘 1m×0.5m 面积。清理探方壁可见明显的文化层，在 8～10cm 的文化层出土 4 件细石叶和 1 件小石片（图 2.11）。遗址地层从上到下可分为 4 层（图 2.12），采集了植硅体样品和浮选土样，并按不同分层采集遗址剖面序列样品，留做有机地球化学等指标分析。

图 2.11　探方文化层出土的细石叶

2.2.4　拉萨河谷科考初步结果

　　拉萨曲贡遗址共浮选了 59 L 文化层堆积物，从中获得了麦类作物的炭化残块，个别较完整的炭化种子疑似小麦（图 2.13），同时，在剖面 4 提取到了粟和黍的稃壳植硅体（图 2.14）。两粒麦类作物残体送 BETA 实验室测年，结果为 3300cal a BP。根据曲贡遗址的初步分析结果，明确了遗址早期文化时期，人类同时经营的是粟作和麦作农业，补充了拉萨曲贡遗址植物考古数据的缺乏；一年生植物种子的测年结果远远晚

砂质
土壤层

文化层

砾石层

细砂层

图 2.12　遗址剖面

1 mm

图 2.13　曲贡遗址疑似小麦的炭化种子

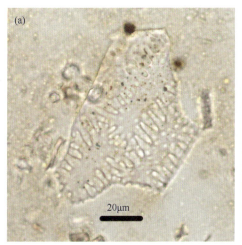

(a)

20μm

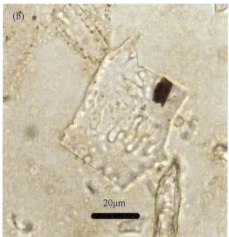

(b)

20μm

图 2.14　曲贡遗址剖面 4、黍稃壳植硅体

于当年发掘时利用木炭获得的测年结果，可能暗示人类进入拉萨河谷的时间没有早到 3700a BP。

曲隆剖面 2 中浮选到了大麦、小麦和豌豆（图 2.15），是一处典型的麦作农业组合。麦类和豌豆的测年结果为 1800～1300 a BP，可能为吐蕃早期的遗存。

图 2.15 曲隆剖面浮选出的炭化种子
从左至右依次是小麦、大麦和豌豆

加日塘遗址浮选土样及植硅体样品均未获得任何有意义的农作物遗存。加日塘遗址的细石器、小石片工业主要存在于狩猎采集和游牧人群，加日塘遗址发掘时进行了测年，结果是 3200～2900 a BP，其石器类型和石料利用传统与青藏高原东北部狩猎采集人群传统十分相似，表明其受到青藏高原北部史前人类的影响更大。我们在加日塘遗址剖面中获得的木炭测年结果为 8000 a BP 上下，说明：①用木炭测年结果确定遗址年代确实有问题；②即使用木炭测年，也需要一系列年代数据进行对比；③约 8000a BP，羊八井周边植被经过火的焚烧是否是早期人类行为，需要进一步工作。

2.3 山南地区

山南地区的调查沿雅鲁藏布江进行，包括曲水、贡嘎、扎囊、泽当和桑日，地貌调查则东扩到加查、朗县和米林县。在山南，雅鲁藏布江及支流两岸阶地面宽广的地方，一般都是宜农宜牧的区域，但两侧出山口洪积扇发育，虽调查了 8 个人类活动遗迹点，但只在 2 个点上获得文化层样品（表 2.2）。本次科考，新发现扎囊半安村 1 号点、2 号点和泽当多洛康萨村 3 处人类活动遗迹点；在贡嘎昌果沟遗址新发现一处用火遗迹和灰坑，灰坑测年结果为 4300cal a BP，很可能预示着人类进入雅鲁藏布江流域的时间比已知的年代早近 1000 年。

2.3.1 贡嘎昌果沟遗址调查

1. 贡嘎昌果沟遗址地貌环境调查

贡嘎昌果沟遗址位于雅鲁藏布江北岸。通过野外调查发现该地区发育两级河流阶地，其中 T1 阶地为现代村庄所在位置。遗址分布在 T2 阶地顶部。T2 阶地受河流切割作用出露系列剖面,厚度约 4 m。其底部为次棱角状砾石,直径 10 ~ 40 cm。岩性为花岗岩和灰岩,并夹杂少量蛇绿岩和板岩。砾石层之上为无水平层理或弱水平层理中细砂。T2 阶地的顶部发育了大量现代沙丘,沙丘由浅黄色中砂构成,局部见已固结并土壤化的沙丘。

表 2.2　山南地区人类活动遗迹点调查概况

序号	遗迹点名称	经纬度	海拔 /m	遗迹遗物概况	采集样品
1	昌果沟遗址	29.362°N, 91.144°E	3650	陶片、石器	植硅体土样、浮选土样、炭屑
2	达隆祭坛遗址	28.828°N, 90.438°E	4474	陶片	无
3	半安村 1 号点	29.308°N, 91.612°E	3650	陶片、石器	无
4	半安村 2 号点	29.309°N, 91.610°E	3665	陶片、石器	无
5	多洛康萨村石器采集点	29.272°N, 91.751°E	3601	陶片	炭屑
6	结桑墓地	29.239°N, 91.745°E	3588	无	无
7	邦嘎遗址	29.087°N, 91.721°E	3673	无	无
8	程巴石器地点	29.263°N, 91.889°E	3572	陶片、石器、骨骸	炭屑

昌果沟遗址位于昌果沟的半固定沙地中。遗址所在沙地由于受河道及山体走势控制而大致呈南北走向,南北长约 1.5km,东西宽约 0.6km,面积约 65km²,海拔 3636 ~ 3645m,整体起伏较小。沟谷内沙黄土沉积、风蚀洼地与流动沙丘交错分布,其中,沙黄土沉积物颗粒较粗,且因受后期风蚀作用影响,边缘发育较多剖面露头。本科考分队对在调查中发现的一处沙地露头剖面进行清理,并划分了露头剖面的地层情况:第一层地层为棕黄色粉砂土层,土质疏松,包含低矮灌木丛及根系;第二层地层为棕黄色细砂土层,土体固结较紧实,致密,包含部分植物根系。

遗址大部分已被河谷风沙覆盖(图 2.16),地表散落有大量陶片、石器等文化遗物(图 2.17)。

2. 贡嘎昌果沟遗址野外调查与样品采集

该遗址于 1991 年由西藏自治区文物管理委员会文物普查队首次调查发现的。1994

图 2.16　昌果沟遗址位置

图 2.17　昌果沟遗址的地表遗物

年夏，由中国社会科学院考古研究所西藏工作队与西藏自治区文物管理委员会组成联合考察队，对昌果沟新石器时代文化遗址进行调查和发掘。此次调查和发掘采集遗物共计 1000 余件，包括打制石器、磨制石器、陶片等，并试掘出一个大型灰坑（H2），获得青稞、小麦、豌豆等来自西方的农作物及经济作物，以及来自黄河流域的粟，使得该遗址在东西文化交流及农作物传播研究中占有重要地位。出自该灰坑的木炭测年结果经校正后为 1370 ～ 1002 a BP，出自同一灰坑的骨头测年结果经校正后为 1113 ～ 834 a BP，属于新石器时代晚期。

在昌果沟遗址共清理了两处新发现的遗迹。

1）灰坑

昌果沟遗址核心区保留有一块台地，在台地东南角发现有灰坑，对其进行了清理和采样。采样剖面编号为 P1。

剖面 1 经纬度为 29.36168°N，91.144282°E；海拔为 3617.38m。

剖面 1 高约 1m，距地表 55 ～ 90cm 处有一段宽约 80cm 的黑层（图 2.18），黑层

图 2.18　昌果沟剖面 1（红色虚线表示黑灰层的界线）

上覆 55cm 厚的砂黄土，黑层下部为风成沙层，厚约 10cm，未见底。清理剖面时在黑层发现疑似火烧土和一窝甲壳虫，未发现陶片等文化遗物，取一大袋灰层土样留做浮选。

2）用火遗迹

在剖面 1 西侧，水平向下清理揭取第一层，距地表深约 0.35m 处时，出现一层灰烬面，平、剖面结合，划出一处灰坑范围，灰坑平面呈半椭圆形状，从沙地剖面看灰坑结构形态为口小底大的"U"形状，编号为 2018GCH2。H2 开口于第一层地层下，打破第二层地层，灰坑范围内为明显灰烬面，有大量炭屑分布，与周围第二层黄土地层土色较分明，界线清楚，测量灰坑面积为 0.6m×0.7m，深约 0.24m，灰坑底部向下有厚约 0.5m 的风沙层，未见底（图 2.19）。

图 2.19　2018GCH2 侧视图（南向北）

对灰坑做解剖清理，提取土样及炭屑标本，向下清理约 8cm 时，出现三块较规整疑似人工垒砌的石块；对灰坑做全面揭取清理，整个灰坑范围内向下清理深度为 8～10cm 时，清理出一圈规整的块石垒砌的类圆形石框，块石上均有火烧痕迹。火烧遗迹由一圈小块石砌筑，中间平铺三块较平整块石，整个遗迹南北外径长 0.48m，内径长 0.2m，东西外径长 0.5m，内径长 0.3m，距灰坑北壁 8cm，距南壁 9cm，距西壁 4cm，距东壁 10cm，距坑口深 8～12cm，灰坑周围填土仍为灰烬土，包含较多炭屑（图 2.20）。

灰坑清理到底后初步观察火烧遗迹由一层碎石块垒砌，形状为较规整圆形，灰坑内包含大量灰烬土和少量炭屑，无其他遗物出土，对灰坑内灰烬土和炭屑进行采样。灰坑清理到底及完全揭出遗迹现象后，对灰坑及火烧遗迹进行了拍照、文字和绘图记录（图 2.21）。

2.3.2　桑日程巴石器点调查

程巴石器地点的地理坐标为 29.26331°N，91.88922°E，海拔为 3572m。该石器地

图 2.20　2018GCH2 内发现火烧遗迹俯视图

图 2.21　2018GCH2 内发现火烧遗迹平面图

点位于西藏自治区山南市以东约 12km，桑日县绒乡程巴村东约 1km 处，雅鲁藏布江南岸程巴沟出山口东侧的台地上（图 2.22），附近区域已全部被人为推平、筑渠，待开垦为梯田。

　　经过初步的田野调查，未在区域集中发现文化遗存，仅在地表采集到少量夹砂红陶（推测为晚期遗存），并在田地水利工程施工挖出来的堆土旁发现 2 个磨制石器。随后，在距沟口约 2km 的地点发现一处高约 3m、走向近东西的剖面，命名为剖面 1。经过刮面后陆续采集到陶片、骨骼、炭屑等文化遗存，文化遗存出土情况见表 2.3，剖面及采样情况见图 2.23。

图 2.22　程巴石器地点卫星影像

表 2.3　程巴石器地点剖面 1 出土文化遗存

编号	类型描述	出土层位 /cm	数量
CB-P1-C01	炭屑	100	1 粒
CB-P1-C02	炭屑	120	1 粒
CB-P1-C03	炭屑	180	1 粒
CB-P1-B1	骨骼碎块	120	3 块
CB-P1-B2	骨骼碎块	180	1 块
CB-P1-B3	骨骼	180	1 块
CB-P1- 陶片 1	陶片（2 夹砂红、1 灰）	70	3 片
CB-P1- 陶片 2	陶片（褐，表面烧黑）	160	1 片

图 2.23　程巴石器地点剖面 1

49

2.3.3　琼结邦嘎遗址调查

　　邦嘎遗址（29.088290°N，91.721009°E，海拔 3708 m）是继拉萨曲贡遗址、山南昌果沟遗址后在西藏腹心地区雅砻河谷地带发现的另一重要史前遗址。遗址位于山南市琼结县下水乡，地处雅砻河的支流巴雄曲东岸的二级阶地上，属于藏南高山谷地的灌丛草原区。邦嘎遗址拥有西藏境内最好的水热条件资源，是重要的粮食生产区域，也是人口聚集区域。1985 年 7 月，西藏自治区文物管理委员会在全区进行文物普查时发现了该遗址。2000～2001 年，中国社会科学院考古研究所、西藏博物馆和西藏山南地区文物局组成了联合考古队对该遗址进行了两次考古发掘。2015～2018 年西藏自治区文物保护研究所、四川大学和西藏山南地区文物局对邦嘎遗址进行再一次发掘。

　　科考队实地考察了邦嘎遗址发掘现场，并对遗址地貌环境进行了调查。从宏观地貌上看，遗址点位于洪积扇出山口上（图 2.24）。从遗址剖面（图 2.25）观察可发现：沉积物由灰白色无水平层理黏土和有弱水平层理棕红色沙层构成，局部夹杂砾石。有水平层理沙层反映了有流水搬运，与其位于洪积扇上一致。灰白色黏土有黏手感，与河谷沉积物和南北侧山坡沉积物完全不同。为调查灰白色黏土来源，顺支沟往上游考察，发现灰白色黏土仅分布于 100 m 范围内，宽度约 40 m，局部见水平层理，因此推断灰白色黏土和流水作用有关。从白色黏手感判断其碳酸盐含量较高。综上，认为这些灰白色黏土为来自地层深部的泉华作用形成的泉水沉积物。不过该地现代泉水已经接近干涸，仅见两口井（图 2.26）。因此，进一步推断人类活动可能和泉水变迁有关。

图 2.24　邦嘎遗址地貌影像图与航拍照片
(b) 和 (c) 中黄色箭头所示为遗址位置

图 2.25　邦嘎遗址地貌和地层

图 2.26　泉水沉积物下方现代水井

2.3.4　山南地区科考初步结果

1. 样品分析结果及初步认识

在贡嘎昌果沟遗址，从 H1（即 P1 剖面）采集的堆积物中浮选到一粒炭化果壳，测年结果为 4300cal a BP。如果 H1 确实是人类活动遗迹，那它将是雅鲁藏布江流域目前最早的人类活动证据。但由于没有别的文化遗迹或者遗物，目前还不能完全确定。

用火遗迹也浮选到一粒果壳，测年结果约在 3300cal a BP，与之前测年结果相近，显示火烧遗迹与昌果沟遗址同期，为早期人类活动所留下的遗迹。

在昌果沟遗址所在区域，现代风沙物质主要来源于雅鲁藏布江的河流冲洪积物——在枯水期受盛行风控制，经搬运—堆积—再搬运—再堆积的过程不断向上运移，最终沉积于昌果沟遗址所在的山麓区，发育形成连片的沙地及爬坡沙丘（图 2.27）。

图 2.27　昌果沟遗址的沙地和爬坡沙丘

火烧遗迹所处的剖面地层序列中，沉积物在不同时期存在明显的差异。遗址所在地层沉积物颗粒较细且结构紧实，为沙黄土，与昌果沟现代农田土质地接近，相对适宜当时人群的居住。该层向下沉积物颗粒变粗，指示了更强的风沙环境，且未发现活动遗存，指示在此之前可能存在比火烧遗迹对应的古人群居住期更早的一次环境恶化，不适宜居住。火烧遗迹层位以上，沉积物颗粒逐渐变粗，风沙活动增强，表明环境的又一次恶化迫使人类放弃原居住地而向别处迁徙，并在此处留下了他们曾经生活的遗迹。

昌果沟遗址的历史较早，其在研究藏南雅鲁藏布江中游古人群活动乃至藏族人起源、迁徙、扩散等方面有着重要的研究意义。因此，深入开展该遗址的考古工作有助于进一步理解昌果沟遗址范围内存在的遗迹现象及其历史变迁过程。本科考分队将对藏南雅鲁藏布河谷古人群活动与生存环境方面做出明确、清晰的分析与判断，从而推进雅鲁藏布江流域古人群活动与环境相互作用方面的深入研究。

在桑日的程巴石器点，剖面中的碎骨不可鉴定，剖面 180m 处获得的骨骼为中型哺乳动物长骨，但种属不可鉴定。

2. 山南地区新发现的人类活动遗迹点

本科考分队对雅鲁藏布江中游曲水至山南沿线遗址进行调查时，新发现地表石器地点 3 处,分别位于泽桑公路半安村附近和山南高速路口北侧多洛康萨村附近的台地,分别命名为半安村 1 号点、2 号点和多洛康萨村石器点。

半安村 1 号点(图 2.28)地理坐标为 29.309°N,91.612°E,海拔为 3650m。地表发现打制石片和大量陶片,打制石片石料为棕色石英岩和黑色硅质岩,未找到文化层。

图 2.28 半安村 1 号点航拍图

半安村 2 号点位于 1 号点往西 50m 处的台地上,地理坐标为 29.3096°N,91.6102°E,海拔 3665m。在该地点发现疑似细石核 1 枚、石片 1 片和若干陶片,未发现文化层。

第 3 处新发现的石器地点位于雅鲁藏布江北岸,山南高速路口北侧多洛康萨村台地(图 2.29),地理坐标为 29.2717°N,91.7517°E,海拔 3540m。在台地上地表拾到 1 个大石核和若干陶片,石核石料为玄武岩,未发现文化层。

图 2.29 山南高速路口北侧多洛康萨石器点及地表采集的大石核

发现新的 3 处表石器地点均缺少地层,为打制石器与陶片伴生点,推测年代为新石器时代晚期。

2.4 林芝地区

关于林芝地区陆续发表有关于墓葬、石器点的报道（王恒杰，1975，1983；朱建中，1994；夏格旺堆和李林辉，2006），但具有测年数据的人类活动遗迹点只有 2 处，为波密县的拉颇遗址和阿岗绒墓葬遗址。西藏文物部门曾经为配合基建对这两个遗址进行了小规模试掘，拉颇遗址有一个木炭测年结果，大约为 4900cal a BP；阿岗绒墓地人骨测年结果为 2700 ～ 1800cal a BP，持续时间比较长。

本科考分队调查了墨脱县、波密县、巴宜区的 17 个人类活动遗迹点，收获颇丰，在 12 个遗迹点获得了测年材料或文化层样品（表 2.4），通过测年、浮选和微体植物遗存分析，重建了 3600 年以来，该地区人类活动的历史及生计模式演变。新发现考古遗址 2 处，尤其是林芝县米瑞乡立定遗址，植物大遗存和微体遗存分析结果均表明该遗址为西藏地区唯一一处大麦、小麦、粟和黍共存的遗址，且获得了西藏地区最早的大麦遗存，直接测年结果早于 3600cal a BP，该遗址具有很重要的研究价值，已于 2019 年 11 月同西藏自治区文物保护研究所联合发掘，共同开展研究。

表 2.4 林芝地区人类活动遗迹点调查概况

序号	遗迹点名称	经纬度	海拔 /m	遗迹遗物概况	采集样品
1	亚东村石器地点	29.998°N，95.342°E	1002	无	无
2	背崩乡石器地点	29.247°N，95.178°E	987	无	炭屑、植硅体土样
3	墨脱村调查	29.330°N，95.327°E	971	无	炭屑、植硅体土样
4	古乡镇石室墓	29.918°N，95.452°E	2742	石室墓	炭屑、植硅体土样、浮选土样
5	卡达遗址	29.911°N，95.640°E	2710	人骨、陶片、石制品	炭屑
6	卡定遗址	30.077°N，95.585°E	2867	骨骼、陶片	炭屑、植硅体土样、浮选土样
7	阿岗绒墓地	30.080°N，95.576°E	2893	骨骼	炭屑、植硅体土样、浮选土样
8	甲木卡遗址	30.076°N，95.578°E	2907	骨骼	炭屑、植硅体土样、浮选土样
9	拉颇遗址	30.075°N，95.590°E	2788	无	炭屑
10	易贡乡调查	30.269°N，94.817°E	2231	无	无
11	立定遗址	29.457°N，94.481°E	2947	陶片、石器、骨骼	炭屑、浮选土样、植硅体土样
12	立定墓葬	29.456°N，94.482°E	2898	人骨	
13	林芝村遗址	29.573°N，94.464°E	2972	陶片、石器、骨骼	炭屑、浮选土样、植硅体土样
14	林芝村石棺墓	29.576°N，94.463°E	2980	骨骼	无
15	居木（巴果绕村）遗址	29.673°N，94.326°E	3070	陶片、石制品、骨骼	木炭、炭屑、浮选土样、植硅体土样
16	都普（多布）遗址	29.747°N，94.140°E	3048	陶片、石制品	植硅体土样、浮选土样
17	加拉马遗址	29.660°N，94.376°E	3103	陶片、石制品	炭屑、浮选土样、植硅体土样

2.4.1　墨脱县磨制石器来源调查

墨脱县村民经常在地表拾到如图 2.30 所示的石锛。通过调查得知，这些石锛主要发现在墨脱县墨脱村和亚东村、背崩乡背崩村和德尔贡村。本科考分队对这四个地点进行了详细的调查，但没有发现任何明确的文化层。

图 2.30　老乡捡到的石锛

通过调查发现，有古人类活动蛛丝马迹的地层是背崩乡的背崩山采集点。曾在背崩乡政府附近背崩山拾到石锛的老乡把我们带到了发现石锛的现场，该点坐标为29.247°N，95.178°E，海拔 987m（图 2.31）。我们在该石器地点试掘探沟并清理出了4 个剖面，虽然没有发现石器，但是在每个剖面都发现了炭屑，从炭屑广泛分布及层位埋深较深等特征，初步判断炭屑也许并非现代人烧炭遗留，很有可能代表了磨制石斧的年代。

剖面描述如下。

1. 剖面 1

在一处当地人烧木炭的小坑旁，试掘出长 130cm、宽 75cm、深 70cm 的探沟（图 2.32）。土层 0 ～ 50cm 为富含有机质和植物根系的黑色土壤层；50cm 以下即山体基岩风化壳，大块花岗岩和岩石生物风化形成的砂层混杂。距地表 10cm 深处发现一枚

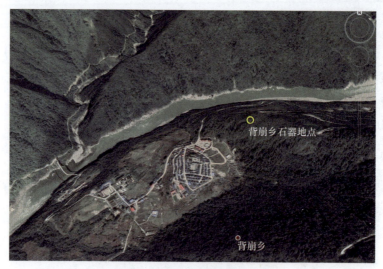

图 2.31　背崩乡石器地点位置

图 2.32　剖面 1 所在探沟

鹅卵石和炭屑。鹅卵石肯定是人为带到山顶的，但是我们无法确定这是否是古人的行为。

2. 剖面 2

清理宽 50cm、深 165cm 的剖面（图 2.33），在黑色土层中 10cm、20cm、24cm、36cm、38cm 的深度各采一个炭屑测年样品，在含有炭屑的土层 10cm 垂直等间距取序列土样 5 份，留作有机地球化学和植硅体分析。

3. 剖面 3

清理长 100cm、宽 60cm、深 75cm 的剖面（图 2.34），在距地表 22cm 和 40cm 处取炭屑样品。

0~40cm
黑色土壤层

40~150cm未见底
基岩风化壳
大块岩石与砂层混杂

图 2.33　剖面 2 地层照片

0~50cm
黑色土壤层

50~75cm未见底
基岩风化壳
大块岩石与砂层混杂

图 2.34　剖面 3 地层照片

4. 剖面 4

在山顶梯田片清理一处剖面（图 2.35），发现上部为黑色土壤层，下部为含岩石风化颗粒的黄色土层（未见底），在地层交界处发现炭屑并采集。

黑色土壤层

炭屑

黄色土层，含白色岩石风化颗粒

图 2.35　剖面 4 地层照片

2.4.2　波密县人类活动遗迹调查

1. 古乡镇卡达遗址

卡达遗址位于波密县扎木镇卡达村西北约 400m，318 国道线以北，帕隆藏布和波堆藏布汇合处的东北山麓。本科考分队对卡达遗址进行了大面积的调查，清理和观察了 4 个剖面，但未发现明确的文化层。

其中，卡达遗址剖面 3 位于卡达村北部坡地断面，地理坐标为 29.912777°N，95.640833°E，海拔 2720m。剖面清理后未发现文化堆积及文化遗物，但在剖面附近的坡面堆积表层发现了一人类额骨，后经北京大学张颖研究员鉴定，为未成年女性头盖骨。

2. 倾多镇卡定遗址

卡定遗址剖面 1 位于 30.077°N，95.585°E，海拔 2867m，被发现于波密县倾多镇巴康村通往甲木卡村的乡村水泥道路旁，处于波堆藏布北岸的山前洪积扇台地上（图 2.36）。

卡定遗址剖面 1 如图 2.37 所示，剖面高 1.4m，从上到下可分为 5 层：

图 2.36　卡定遗址剖面 1 位置

图 2.37　卡定遗址剖面 1 层位

第①层：0～0.4m，灰褐色砂层，混有较多冲洪积相的砾石，结构疏松；

第②层：0.4～0.7m，砂质黏土层，混有大小不一的冲洪积砾石，结构较为紧实；

第③层：0.7～1m，文化层，包含大量动物骨骼和炭屑的灰层，可能受到了冲洪积改造；

第④层：1～1.2m，冲洪积砾石层，含有大块角砾；

第⑤层：1.2～1.4m，棕黄色细砂层，未见底。

在第③层（文化层）采集了动物骨骼和炭屑样品，在第②层和第③层采集了浮选土样，并按剖面层位采集了剖面序列土样留作植硅体和有机地球化学分析。

卡定遗址剖面 2（图 2.38）位于倾多镇甲木卡村公路北侧断面，地理坐标为 30.077938°N，95.5856°E，海拔 2853m。该剖面自上而下主要为表土层、灰绿色湖相沉积层和洪积扇相砾石层，表土层和灰绿色湖相沉积层均较薄，洪积扇相砾石层覆盖厚度较大，砾石掺杂黄土，中间偶有炭屑和黑色文化层分布。在洪积扇相砾石层距路面高度约 2.5m 处，发现并取出地层中镶嵌的疑似人类腿骨 1 根，肋骨和椎骨等骨骼碎片若干。此外，在卡定遗址剖面 2 采集到动物上颌骨 1 个，保存不完整，未发现石器。

卡定遗址剖面 3（图 2.39）位于卡定遗址剖面 2 上方的盘山公路西侧断面，地理坐标为 30.078807°N，95.585541°E，海拔 2883m。卡定遗址剖面 3 所在的地层与剖面 2 相似，在洪积扇相砾石层有零星炭屑分布。在洪积扇相砾石层中发现不完整的人类头盖骨 1 个，所在高度距路面 1.5m 左右，周围未发现文化层和石器。

图 2.38　卡定遗址剖面 2

图 2.39　卡定遗址剖面 3

卡定遗址剖面 4（图 2.40）：30.078038°N，95.585478°E，海拔 2854m，在路旁断面发现一处灰层，相对位置较高且断面较陡，难以清理。因此科考队员从旁边爬上断面

图 2.40　卡定遗址剖面 4 灰层位置示意图

顶部，从顶部用镐头取碳样一份。

卡定遗址剖面 5（地理位置为 30.077645°N，95.586235°E，海拔 2873m），从卡定遗址剖面 1 沿着公路向上（南），路旁断面有人类肢骨出露，地表有散落的人类牙齿等，附近断面有较为规整的石板出露。据该村村主任回忆，在修公路前，卡定遗址剖面 1 附近有一处洞穴，洞内有人骨、石棺。这个洞穴在修路时被破坏。根据这些线索，卡定遗址剖面 1 附近原为一处墓地。我们收集了地表的牙齿。

3. 倾多镇阿岗绒墓地

阿岗绒墓地（地理位置为 30.080°N，95.576°E，海拔 2893m）位于波堆藏布左岸坡地、巴康村甲木卡自然村正下方（图 2.41），于 2016 年修建巴妥卡村至玉萨村的盘山公路时发现，西藏自治区文化厅和林芝市文化和旅游局得知后立即对其进行了抢救性发掘。此次发掘清理石棺墓 12 座，有一次屈身蹲踞葬、二次葬和烧过之后的二次葬等葬式。墓葬随葬品很少，有圜底陶罐、单耳罐等，其中墓葬 M10 随葬了一个三棱镞，与西南史前出土的铜镞形制接近。根据人骨的测年结果，墓地持续时间较长（2700～1800 a BP）。

本科考分队在阿岗绒石棺墓葬发掘地点的公路东侧断面上新发现两座暴露出来的石棺墓，地理坐标为 30.076619°N，95.585036°E，海拔 2837m。两座石棺墓均暴露于坡地断面上，石棺结构部分受损，石棺顶部距离地表为 180～220cm。

图 2.41 阿岗绒墓地航拍图及剖面位置示意图

两座墓葬描述如下。

编号为 2018LBQAM1 的墓葬（图 2.42），从坡地剖面暴露出来的遗迹现象看，2018LBQAM1 石棺墓为西北东南向，头向为北偏西 52°，棺室仅存盖板、部分北侧板、东侧板，其余棺板不存，棺室西北侧外围有半圈四层块石垒砌的石框，高约 62cm。北侧板长 37cm，东侧板长 70cm，盖板长 90cm，宽 35～40cm，棺室深 36～40cm，未见底。从暴露出的棺室内看，填土中包含少量骨渣和炭屑，无其他。

图 2.42 编号为 2018LBQAM1 的墓葬

编号为 2018LBQAM2 的墓葬（图 2.43）位于 2018LBQAM1 西北侧，基本同 2018LBQAM1 埋藏于坡地的同一层位。墓葬为西北东南向，从暴露出的遗迹现象来看，2018LBQAM2 仅存东侧板，长 86cm，北侧有两块中等块石，块石间距离为 55cm，南

图 2.43　编号为 2018LBQAM2 的墓葬

侧有一块石，距北侧块石 116cm，盖板垮塌掉进棺室内，石棺清理出暴露的 26cm 塌陷深度的土壤。未对石棺做清理，未发现遗物。

这两座石棺墓位于发掘过的阿岗绒石棺墓群东侧公路坡地断面上，应与石棺墓群属于同一时期，根据在 2018LBQAM1 中观察到的少量骨渣，初步判断 2018LBQAM1 应为二次捡骨葬，墓室内无完整人骨。

经调查，在阿岗绒墓地周边共发现 4 处可能与人类活动有关的遗迹，简述如下。

阿岗绒墓地剖面 1（图 2.44）位于阿岗绒墓地发掘区东部上方、现在公路的东侧断面，高出公路约 2m。整个剖面为冲积扇前缘洪积层，夹杂有很多砾石，其中有两条灰土层，根据这两条灰土层的范围清理出一个长 230cm 的剖面，分 5 层。

图 2.44　阿岗绒墓地剖面 1

第①层，深 0～95cm，现代表土层下的水平堆积。

第②层，深 95～105cm，自北向南渐薄，炭屑较多，清理时见动物骨骼 1；取距离地表 100cm 的碳样 1 份，取浮选土样、植硅体土样各 1 份。

第③层，深 105～120cm。

第④层，深 120～130cm，自南向北渐薄，炭屑较多，未见人工遗物；取距离地表 130cm 的碳样 1 份，取浮选土样、植硅体土样各 1 份。

第⑤层，深 130cm，未见底。

阿岗绒墓地剖面 1 南部第⑤层下方出露有石板、垒石块，经清理为石棺墓，应属于阿岗绒墓地。石板和垒石块上方的填土很难与第⑤层的堆积区分开来，难以判断石棺与地层的叠压打破关系。第④层石棺墓上方消失，考虑到可能是被该石棺墓所打破。如果是这样，第④层年代早于石棺墓的年代。

阿岗绒墓地剖面 2（图 2.45）沿盘山公路向南，在路边断面发现一处原地用火遗迹（火塘），其中部偏西被现代小冲沟冲毁，残存面积 30m×40cm、中心厚 5cm。堆积下部土壤被烧结呈橙红色，质地坚硬，推测用火次数较多。上部堆积呈黑色，但清理时未见块状炭屑，故取少量黑土作为炭样，留取土样 1 份。

(a)   (b)

图 2.45　阿岗绒墓地剖面 2 火塘侧视 (a) 及阿岗绒墓地剖面 2 火塘俯视 (b)

阿岗绒墓地剖面 3（图 2.46）沿盘山公路继续向上，路旁断面上有一灰土层，长约 40cm，仅能通过土色与周围的堆积区分，难以判断堆积的性质，故仅留取炭样 1 份。

阿岗绒墓地剖面 4（图 2.47）位于阿岗绒墓地发掘区北部，整个剖面包含有大大小小的石块，是一处高约 20m 的冰水堆积体。阿岗绒墓地剖面 4 靠近现代地表的位置有两层堆积体较纯净，目测为砂层，厚 20～40cm，应该是冰水堆积体稳定后地表有静水而形成的。上砂层为黄灰色，下砂层颜色较深，底部呈橘红色。下砂层表面有一层黑色炭屑，疑与人类活动有关。但是砂层位置较高，且断面陡峭，尝试采样未果。

4. 倾多镇甲木卡遗址

甲木卡遗址（地理位置为 30.07622°N，95.57831°E，海拔 2907m）东侧隔大冲沟与

图 2.46 阿岗绒墓地剖面 3 灰土层

图 2.47 阿岗绒墓地剖面 4 炭屑层位置示意图

卡定遗址相望，隶属于巴康村甲木卡自然村，第三次全国文物普查时在此地发现有石棺墓，命名为甲木卡墓地。2011 年调查时在公路旁边的断面上发现火塘 5 处，未见陶片，故无法对遗址年代进行判断。

调查时发现甲木卡遗址文化层暴露在盘山土路的东侧断面上（图 2.48），断面上部主要为黄土堆积且不规律夹杂着大小不一的石块，下部断续有灰土层（距离地表160 ～ 200cm），低于灰土层的位置可见断续的、平铺石板，主要集中在剖面北部。沿

图 2.48   甲木卡遗址剖面示意图

着断面清理出南北两处灰土层，以这两处灰土层为界，剖面长 800cm。灰土层以灰烬为主，有炭屑，但未见文化遗物，应该是调查时所描述的火塘。其中北灰土层下有较大的石块，可能跟灰土层有关系，作为火塘垫高之用。在剖面中部偏南的位置有一块动物牙齿挂在断面上，距离地表 175cm。清理出来之后发现是一块食肉动物的下颌骨（图 2.49）。

图 2.49   甲木卡遗址剖面动物下颌骨

取样记录如下。

北灰土层：炭样 1，深 160cm；浮选土样、植硅体土样各 1 份；灰土层下地层浮选土样 1 份；南灰土层：炭样 2，深 200cm，浮选土样、植硅体土样各 1 份。

5. 倾多镇拉颇遗址

拉颇遗址（地理位置为 30.075287°N，95.590048°E，海拔 2788m）位于波堆藏布的二级台地，隶属于巴康村巴托卡自然村。当地村民在家中耕地挖沼气池时发现这个遗址，考古调查队于 2011 年在遗址上开挖了一条 2m×4m 的探沟，文化层距地表约 2m。这次试掘出土了一批陶片和动物骨骼，分早晚两期遗存，早期可早至 4800a BP，晚期约2000a BP。其中早期陶器的花边口沿、鸡冠状耳的做法可能与川西地区有关。拉颇遗址不仅填补了波密地区史前考古的空白，而且是目前所知西藏自治区内年代仅次于卡若遗址的新石器时代遗址。

在波密县文化和旅游局索朗多点的带领下，科考队员来到村民扎西措姆的院中，当年试掘的探沟已经回填，种满了冬小麦，田里可见播种前翻土翻出来的石块。队员在地表搜寻，未见文化遗物，故分头到院外搜寻断面。由于平整土地对原有地形改造较大，仅在村中一处坡地墙基下发现原生的土壤堆积（大约比院中地表低 150cm），就地清理，土壤厚 10～20cm，包含木炭较多，但未发现其他文化遗物。土壤层下为包含大量砾石的堆积体，可能为洪积物，清理 60cm 未见底。因难以继续向下清理，故结束田野工作。

2.4.3　林芝市人类活动遗迹调查

1. 林芝村遗址

林芝村位于八一镇以西 18 km，其遗址位于尼洋河东岸发育了湖相地层的 T2 阶地上（图 2.50 和图 2.51）。2000 年 5 月，当地兴建渔场取土放炸药时出土了人骨与陶器。同年 7 月，西藏自治区文物局对该墓地进行了考察，在已经被炸掉的墓地断崖边缘开了2 m×2 m 的试掘探方，出土了少量装饰有绳纹的夹砂灰陶、1 件残断的陶质网坠。在探方以外的东面断崖边缘发现了可复原的陶器两件和几十件装饰有绳纹的灰陶陶片。

图 2.50　林芝村遗址剖面位置

图 2.51　林芝村遗址剖面 1 在阶地上所处位置

2005 年对遗址的再次实地踏查中，在 2000 年被炸掉的墓地东部又采集到了几十件灰陶陶片。在墓地西部的断崖边，发现因雨水的冲刷暴露出的人骨遗骸和 1 件完整的褐红陶罐，在断崖坡麓处采集到了 1 件与上述器物颜色相近的陶色的口沿残片（夏格旺堆和李林辉，2006）。

1）林芝村遗址剖面 1

本科考分队在遗址周围地表采集到陶片 23 件（其中包含灰色夹砂绳纹陶片 11 件），动物骨骼 3 件。但在遗址所在台地上没有找到文化层，所以决定在之前所开探方附近的断崖上清理剖面，编号为林芝村遗址剖面 1。其所在经纬度为 29.573943°N，94.464464°E，海拔为 2972m。清理剖面时发现陶片 10 件，其中包含 3 件灰色夹砂绳纹陶片。

剖面 1 高 210cm，宽 100cm，从上到下可分为 5 层（图 2.52）。

第①层：0～30cm，粗沙，土质疏松，植物根系较多。

第②层：30～70/102cm，粗沙，土质较硬、致密，包含少量植物根系。深 45cm、73cm 处发现陶片，深 73cm 处发现骨骼。

第③层：94～115 cm，黄灰色粗沙，包含有大块的砾石和不规则石块，分别于深 100cm 和 110cm 处发现陶片。

第④层：115～180/190cm，黄棕色粗沙，包含植物根茎、石块和青灰色淤泥块，有少量炭屑但无人工遗物，初步判断该层为自然堆积。

第⑤层：180/190～210cm，纯净灰色粗沙，土质疏松，未见底。

其中 96cm 处取淤泥块样品 2 个，105cm 处发现鹅卵石一个，可能是人类活动携带上来的。我们在剖面上取浮选土样两袋，植硅体土样 10 袋（表 2.5）。

图 2.52 林芝村遗址剖面 1

表 2.5 林芝村遗址剖面 1 取样表

土层	出土层位 /cm	浮选土样 / 袋	植硅体土样 / 袋	陶片数量	炭屑
第①层	0 ~ 30		1（20cm 处）		
第②层	30 ~ 70/102	1	3（50cm、65cm、80cm 处）	2 个（45cm、73cm 处）	LZC-P1-C01（45cm 处）
第③层	94 ~ 115	1	2（110cm 处）	灰色夹砂绳纹陶片 2 个（100cm 处）、灰色小碎陶片 1 个（110cm 处）	
第④层	115 ~ 180/190		2（140cm、160cm 处）		
第⑤层	180/190 ~ 210		2（180cm、200cm 处）		

2）林芝村遗址剖面 2

林芝村遗址剖面 2 位于林芝镇林芝村附近的河流阶地前缘，地理坐标为 29.577486°N，94.46266°E，海拔 2955m。该剖面顶部为细沙质黄土，覆盖较薄，植物根系发达，厚度约 20cm。

第②层为松散的细沙堆积，在该层表面发现外露的骨头（图 2.53），距地表深度 30cm 左右。我们对骨头进行清理采集，鉴定其为一具破碎的人类头骨，未发现伴生的石器，在坡面附近捡到陶片 2 片。头骨所在的地点为阶地前缘外侧下方坡面上的一处土包，表层覆盖较薄，推测其由于阶地前缘塌陷而滑落至此。

图 2.53　林芝村遗址剖面 2 出露头骨

3) 林芝村遗址剖面 S2

林芝村遗址剖面 S2 地理坐标为 29.576344°N，94.464219°E，海拔 2950 m。

在林芝村遗址剖面 S2，距离地表 80cm 处的砂土层发现一件动物骨头，疑似肩胛骨或盆骨，骨骼分化严重，结构已呈蜂窝状（图 2.54）。

图 2.54　林芝村遗址剖面 S2 照片

4）林芝村遗址剖面 3（LZC-P3）

该剖面地理坐标为 29.576°N，94.465°E，海拔 2937m。

在林芝村遗址剖面 3 的砂土层中，分别在距离地表 75cm 和 95cm 处发现一个陶片和一个石片石器（图 2.55）。该剖面层序与林芝村遗址剖面 1 一致，从上到下依次为浅黄色砂土层、棕黄色细砂层、灰白色粗砂层和未见底的湖相地层。

图 2.55　林芝村遗址剖面 3 照片

5）林芝村遗址剖面 4（LZC-P4）

该剖面地理坐标为 29.575°N，94.465°E，海拔 2963m。

在该剖面（图 2.56），距离地表 55cm 的砂土层发现一件动物的肋骨，骨骼保存情况较好，未受到严重风化。

6）泥池村遗址剖面 1（NCC-P1）

该剖面地理坐标为 29.570°N，94.470°E，海拔 2971m。

林芝村遗址剖面的东南方向有一处台地，紧邻泥池村，与林芝村遗址剖面所在台地的地势地貌十分相似，是古人类活动的理想地点。我们对该台地进行调查，发现两处含文化层剖面。

泥池村遗址剖面 1（图 2.57）位于台地顶部，台地下部是巨厚的湖相沉积地层，湖相地层以上为砾石层，砾石层上部覆盖了一层较薄的砂土层，当地村民房屋即修建在砂土层上。我们在泥池村遗址剖面 1 距离地表 30～40cm 处发现水平条带状灰层，灰层紧贴于砾石层之上，含有较多炭屑，没有发现石器等文化遗物，在该层采集了一个炭屑测年样品和一份土样留作植硅体分析和浮选。

图 2.56　林芝村遗址剖面 4 照片

黄色砂土层
0~30cm

文化层，30~40cm

砾石层
40~140cm

湖相层
140cm以下，未见底

图 2.57　泥池村遗址剖面 1 照片

7) 泥池村遗址剖面 2 (NCC-P2)

该剖面地理坐标为 29.568°N，94.471°E，海拔 2935m。

泥池村遗址剖面 2 位于入村道路旁（图 2.58），剖面大致可分 4 层，由上到下为砂土层、砾石层、湖相地层和大块砾石层，具体剖面描述如图 2.59 所示。我们在第②层

图 2.58　泥池村遗址剖面 2 照片

灰白色砂土层，夹杂有小砾石，有较多虫孔
0~70cm

粒径较粗的细砂层，颜色偏红，
该层底部为砾石层，出土了较多陶片和石器
70~130cm

细砂层，有少量陶片和炭屑
130~170cm

灰绿色和锈红色相间的细砂层，
可能是湖相或沼泽相沉积
170~220cm

大块砾石层，砾石直径大于20cm，
220cm以下，未见底

图 2.59　泥池村遗址剖面 2 地层描述

和第③层找到了陶片、石器和骨头等文化遗物，其中有一件陶片与石器共同被发现于第②层砾石层下部。值得注意的是，第①层砂土层炭屑样品中有一粒炭化果壳，我们在每个层位采集了炭屑测年样品和一份土样做植硅体分析和浮选。

在该剖面旁边的断崖，距离剖面顶部80cm处发现了一件几乎完整的大型陶罐，断崖下的坡地上散布着较多陶片（图2.60），陶片形制和外观特征与地层中发现的陶片一致。

图2.60　泥池村遗址剖面2旁边的断崖及陶罐照片

8）林芝村石棺墓

在林芝村试掘点调查时，在原有试掘探方的东南方向、试掘探方所处高地断崖西壁上发现有三层规整堆砌的砾石（图2.61），地理坐标为29.576666°N，94.463611°E，海拔2980m，观察后推测该砾石堆为一座石棺墓。该砾石堆上部距地表160cm，底部距地表220cm，从断崖中呈三角形凸出，凸出的长度为20cm。由于该砾石堆挂在断崖之上，未能更近距离观察，因此只初步推测其为石棺墓。

2. 巴果绕（居木）遗址

本科考分队根据西藏自治区文物保护研究所提供的坐标去寻找居木遗址，在巴果绕村后山山脚的风成堆积上发现厚层文化层，推测其可能为居木遗址。该遗址周边的村庄名叫巴果绕村（图2.62），这里用巴果绕遗址代替。遗址旁及周边地表散布大量打制石器和少量磨制石器（图2.63）。

巴果绕遗址位于尼洋河支沟沟口。沟口为末次冰盛期（LGM）终碛垄，末端海拔3065 m，距现代冰舌末端最远为30 km。沟谷内侧存在LGM侧碛垄。新冰期冰碛垄存

图 2.61　石棺墓远观

图 2.62　剖面点位置

在于各支沟沟口，末端海拔 3190 m，距现代冰舌末端约 3 km。此外，沟谷内还分布着两级河流阶地（T1 和 T2），拔河高度分别为 3 m 和 30 m。其形成时代晚于 LGM 冰碛垄。遗址点位于 LGM 终碛垄内侧小山坳内，底部沉积物为风成粉砂，上部为坡积物（图 2.64）。对巴果绕遗址区域进行样品采集。

1）巴果绕遗址剖面 1

在巴果绕村调查时，在村公路旁一个坡积断面的西壁上发现一层灰层，灰层中夹杂大量炭屑及零星动物骨骼，遂刮面清理，清理出巴果绕遗址剖面 1（BGR-P1）（图 2.65），地理坐标为 29.674°N，94.326°E，海拔 3070m。

图 2.63　在巴果绕遗址周边采集的石器

图 2.64　影像显示的巴果绕村地貌分布

巴果绕遗址剖面 1 共揭露出 8 层地层堆积。

第①层为表土层，生长着低矮灌木，地层厚约 30cm。

第②层为黄褐色砂土层，距地表下线 70～85cm，土质疏松，地层中夹杂着大块的炭和红烧土块，地层厚约 80cm，未清理出任何文化遗物。

第③层为灰褐色砂土层，距地表下线 120cm，土质较致密，夹杂少量炭屑和红烧土块，地层厚 30～40cm，未清理出任何文化遗物。

第④层为灰色炭屑层，距地表下线 145cm，土质疏松，夹杂大量的炭块炭屑及粗砾粗砂，地层厚约 20cm，清理时发现有动物骨骼，但无其他文化遗物。

第⑤层为黄色黏土层，距地表下线 180～210cm，土质致密，夹杂较多的粗砾粗砂、零星炭屑及红烧土块，地层厚 40～70cm，未清理出文化遗物。

第⑥层为灰黑色砂土层，距地表下线 260cm，土质疏松，夹杂大量炭屑炭块及红烧土块，地层厚 50～80cm，该层出土有人类头盖骨碎片、少量动物骨骼及一块疑似石制品。

图 2.65　巴果绕遗址剖面 1

第⑦层为灰黑色砂土层，距地表下线 295cm，土质致密，夹杂少量炭屑，地层厚约 30cm，清理时未发现任何文化遗物。

第⑧层为黄褐色砂土层，距地表下线 310cm，土质疏松，该层为较纯净的砂土，地层厚约 15cm，未夹杂炭屑也未出土任何文化遗物，推测该层是生土层。

巴果绕遗址剖面 1 文化遗物集中出土于第⑥层，推测该层为当时人类活动的文化层，但清理时未发现陶片、明确的石制品等文化遗物，因此存疑；清理后认为巴果绕遗址剖面 1 第①层、第②层、第③层及第④层为滑坡形成年代较晚的堆积，滑坡原因尚未确定。

2）巴果绕遗址剖面 2

巴果绕遗址剖面 2（BGR-P2）地理位置为 29.676°N，94.319°E，海拔 3063m。

巴果绕遗址剖面 2 位于村庄西面的山脚下，与当地河流的二级阶地（现已开垦为农田）相接，是当地村庄修建水渠新切开的剖面，距离剖面顶部 65 ～ 75cm 处有一层长约 2m 的炭屑层（图 2.66），颜色发黑，炭屑丰富，在层内发现一个陶片，有口沿和纹饰，初步判断年代较早，可能是新石器中期陶片。在层内采集了炭屑测年样品、植硅体样品和浮选样品。

3）巴果绕遗址剖面 3

巴果绕遗址剖面 3（BGR-P3）位于林芝市巴宜区八一镇巴果绕村东北河流三级阶地上。该处地层顶部平坦，地表散落有部分打制石片，原料为磨圆面光滑的河流砾石。选择地面石器分布较为集中的区域进行布方试掘，试掘探方东西向长 1.2m，南北向宽 0.8m，试掘深度 1.7m（图 2.67）。巴果绕遗址剖面 3 从顶部至底端全为棕黄色粉砂黄土，

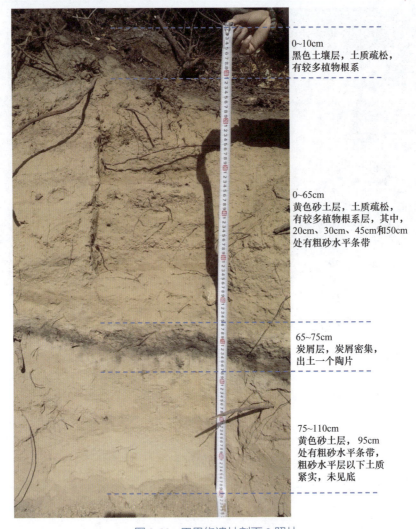

0~10cm
黑色土壤层，土质疏松，
有较多植物根系

0~65cm
黄色砂土层，土质疏松，
有较多植物根系层，其中，
20cm、30cm、45cm和50cm
处有粗砂水平条带

65~75cm
炭屑层，炭屑密集，
出土一个陶片

75~110cm
黄色砂土层，95cm
处有粗砂水平条带，
粗砂水平层以下土质
紧实，未见底

图2.66　巴果绕遗址剖面2照片

地层疏松未见底，较为纯净，未见石器和陶片等文化遗物，仅在距离地表1.5m以下发现少许炭屑分布，因为未发现伴生文化遗物，且经过调查发现该阶地自上而下均为均质棕黄色粉砂黄土，因此未采集炭屑。

4）巴果绕遗址剖面4

巴果绕遗址剖面4（GBR-P4）地理位置为29.674°N，94.326°E，海拔3035m。

巴果绕遗址剖面4位于村庄东侧的末次冰期形成的冰川终碛垄上，文化层被坡积泥石流覆盖。巴果绕遗址剖面4的地层描述和取样情况如图2.68所示，剖面高300cm，宽150cm，从上到下可分为7层（图2.68）。

第①层：0～40cm，棕黄色粗砂表土层，土质疏松，有较多植物根系。

第②层：40～140cm，黄色坡积砂土层，夹杂有粗砂，砂土固结较紧实，土质较硬，40～50cm和80～95cm层为含密集炭屑的黑层。

图 2.67　巴果绕遗址剖面 3

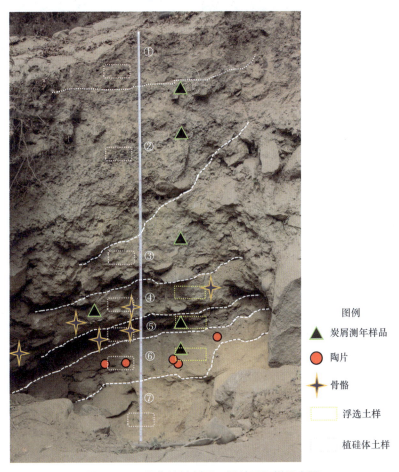

图 2.68　巴果绕遗址剖面 4 照片及取样示意图

图例

▲ 炭屑测年样品

● 陶片

✦ 骨骼

⬚ 浮选土样

⬚ 植硅体土样

第③层：140～180cm，黄色粗砂土层，砂土固结紧实，土质较硬，包含少量炭屑、块石，无其他遗物出土。

第④层：180～210cm，黄灰色粗砂土层，土质疏松，土质较软，包含较多大块角砾，出土有砾石打制石器和骨头。

第⑤层：210～220cm，黑色炭屑层，土质疏松，包含大量炭屑，出土少量骨头。

第⑥层：220～240cm，黄灰色砂砾层，砂粒粗大，致密，土质较硬，出土陶片，包括带绳纹黑陶片、素面黑陶片、素面灰褐陶片。

第⑦层：240～300cm，黄色砂土层，致密，土质较硬，包含少量块石，没有其他出土物。

3. 都普（多布）遗址

都普遗址地理位置为29.748°N，94.141°E，海拔3048m，位于巴宜区多布村，318国道南面（图2.69），1988年曾发现少量陶片。

图2.69　多布村地貌分布

都普遗址北侧山顶存在少量终年积雪，山顶基岩沟谷呈"V"字形，切割深度较浅，因此我们推断该山脊存在寒冻风化作用，但未发育大规模冰川。沟谷中残存的混杂堆积呈扇形，顶部有大量棱角状砾石，推断其为冰水扇，其形成时代可能是全新世（图2.69）。此外，局部冰水扇顶部存在风成粉砂，在剖面中发现少量陶片、炭屑和石器。

遗址区于2018年底施工，建立了一个汽车营地。工地新近挖出了一条长约50m、宽4m、深1m的基坑，为我们的调查提供了剖面。我们清理基坑北壁剖面时，发现了较多炭屑、石片和陶片。剖面厚100cm，可分为4层（图2.70）。

第①层：0～25cm，浅黄色表土层，含有小石块，下界有胶结，土质较硬，出土了少量陶片和疑似石器。

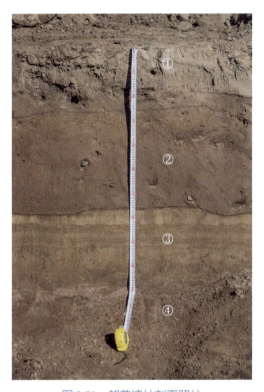

图 2.70　都普遗址剖面照片

第②层：25 ～ 65cm，红褐色砂土层，有大量炭屑和陶片，包含有小砾石。

第③层：65 ～ 95cm，河湖相细砂层，黄色与褐色交互的水平韵律层非常明显，形成时水动力条件较弱，为静水沉积。

第④层：95 ～ 100cm，青黑色泥炭层，未见底。

清理第①层剖面时发现疑似石器 15 个，陶片 6 个，在第②层 40 ～ 60cm 找到陶片 2 个，疑似石器 3 个。分别在第①层 20cm，第②层 44cm、55cm、63cm、62cm 处采集炭屑测年样品，在第①层 20cm，第②层 30cm、40cm、50cm、60cm，第③层 75cm 和第④层 105cm 处采集植硅体样品（图 2.71）。

4. 加拉马（加喇嘛）遗址

加拉马遗址位于尼洋河东岸一级阶地前缘，海拔约 3100m。20 世纪 70 年代在遗址地表采集夹砂褐陶片若干、石英岩长石片 1 件。陶片所见器形有罐、瓮、器盖、器耳等，纹饰有压印绳纹和锯齿纹（王恒杰，1975）。

1）加拉马遗址地貌环境调查

加拉马遗址位于林芝市巴宜区东侧加拉马村（图 2.72）（地理位置为 29.665°N，94.376°E，海拔 3090 m）。野外调查发现，巴宜区位于尼洋河 T1 阶地之上，加当嘎村所在位置为 T2 阶地，加拉马村所在位置为 T3 阶地。三级阶级拔河高度分别为约 2 m、约 60 m 和约 105 m。加拉马遗址剖面底部为具有良好水平层理的湖相沉积物，

图 2.71　都普遗址剖面植硅体取样照片

图 2.72　加拉马村地貌位置

湖相沉积物之上局部见河流相细沙，最顶部为风成黏土夹细沙。文化层出现在风成沙中。

2）加拉马遗址野外样品采集

本科考分队在加拉马遗址共清理了两个剖面，以剖面 2 最具有代表性。剖面地理位置为 29.665°N，94.376°E，海拔 3090m。该剖面为进村路边断面自然形成，暴露出来的断面表面包含炭屑和陶片，而断面东部同一水平层位仍是纯净的湖相沉积，因此推断含有炭屑的地层不是自然堆积，故决定在此处再清理一个剖面，编号为加拉马遗址剖面 2。

清理剖面的过程中发现含有炭屑的地层整体上自东向西呈坡状堆积，推测其可能是一个锅底状灰坑的填土，灰坑打破了湖相沉积层。顺着灰坑东部边缘继续向下清理至台阶上，坑壁仍向下延伸，并且台阶平面可与剖面相对应。但向西清理约 500cm，仍未见灰坑的西壁。推测可能是一个大型灰坑，或是一处坡状的地层堆积，暂且按灰坑处理，编号 H1。H1 打破的湖相沉积层整体呈水平状堆积，但是水平层有错位，可能是某次滑塌之类的事件造成的，不清楚这次地质事件是否与 H1 的形成有关。

加拉马遗址剖面 2 东西走向，面向北方，高 230cm、宽 540cm（图 2.73）。

图 2.73　加拉马遗址剖面 2 示意图

加拉马遗址剖面 2 第①层，厚 30cm，地表植被覆盖，腐殖质含量较高。

H1 在加拉马遗址剖面 2 第①层下开口，打破第②层，大型锅底状灰坑，坑壁不明显，只清理出灰坑的东半边。

H1 第①层，自东向西呈坡状堆积，最深处 150cm，斑驳的黄色砂土，土质相对较硬。

H1 第②层，自东向西呈坡状堆积，最深处 180cm，疏松的黄色砂土，包含有炭屑和陶片，剖面中部炭屑含量明显增加。

H1 第③层，自东向西呈坡状堆积，未见底，为青灰色和黄褐色砂土交替形成。

加拉马遗址剖面 2 第②层，灰白和浅褐色细砂层交替堆积，应为湖相沉积层（图 2.74），被 H1 打破、被第①层叠压，水平层位有错位。

取样情况如下。

图 2.74　湖相沉积中的小断层

植硅体样品：

第①层 1 个。

H1 ③层，深 160cm、180cm、200cm、220cm 各采集一个样品，共 4 个。

H1 ②层，深 120cm、130cm、140cm 各采集一个样品，共 3 个。

H1 ①层，深 40cm、60cm、80cm、100cm 各采集一个样品，共 4 个。

第②层 1 个。

炭屑样品：

H1 ①层，深 60cm、80cm、100cm 各采集一个样品，共 3 个。

H1 ②层，深 110cm、120cm、140cm 各采集一个样品，共 3 个。

H1 ③层，深 180cm、220cm 各采集一个样品，共 2 个。

2.4.4　林芝地区科考初步结果

1. 新发现的人类活动遗迹点

1）立定遗址

立定遗址位于尼洋河和雅鲁藏布江交汇处的立定村（地理位置为 29.457079°N，94.481683°E，海拔 2980 m），地貌上立定村所在地区发育两级阶地［图 2.75 和图 2.76（a）］。其中 T1 阶地拔河高度约 24 m，本次研究的地层剖面高度约 5m，上部为受到流水作用改造的风成粉砂夹细碎屑，磨圆、分选较差；下部发育以水平、交错层理为主的河流相中、细砂层与以水平层理为主的湖相粉砂黏土层互层；其中墓葬主要出现在风成堆积与河湖相沉积的分界处［图 2.76（b）］。

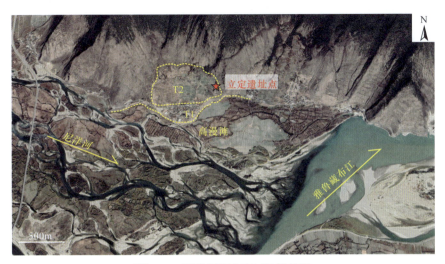

图 2.75　影像显示立定村地貌位置

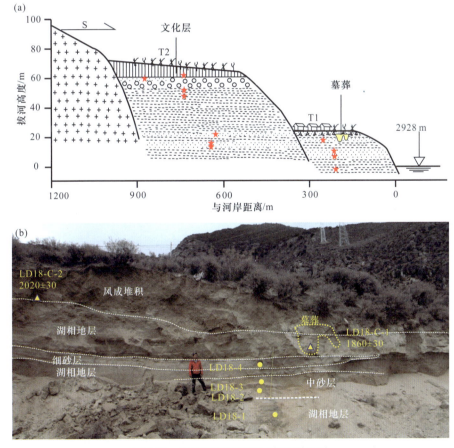

图 2.76　立定村河流阶地图与野外照片

（a）立定村横剖面示意图，星号为光释光样品采集点；（b）T1 阶地地层剖面照片和年代学样品采集点，
其中 ^{14}C 样品在图中用三角形表示，湖相沉积顶部碳屑年龄为 2020±30a BP，墓葬附近碳屑年龄为 1860±30 a BP

T2 阶地顶部拔河高度约 67 m，阶地底部由发育良好、水平层理的湖相沉积物构成，湖相地层中的黏土出现了轻微胶结，局部可见析出的白色碳酸盐。阶地顶部为风成堆积物，主要由棕黄色黏土夹少量粉砂构成。在风成堆积物中发现大量石器，岩性为花岗岩、灰岩等；此外在该层还发现了大量黑陶陶片。通过地貌勘察与地层对比推断堰塞湖形成时代可能为 LGM，而风成沉积物的堆积开始于全新世。

根据墓葬与石器的鉴别，结合野外地貌与地层分析，本科考分队认为立定遗址包括两个时代，一个是立定村 T1 阶地墓葬、另一个是新石器时代的旷野遗址。

A. 立定村 T1 阶地墓葬

在立定村附近做调查时，于一处因取土形成的坡地断面上发现两座竖穴土坑墓，该地点位于米瑞乡道北侧坡地，地理坐标为 29.767980°N，94.808219°E，海拔 2898m。

从剖面观察，该点主体为河湖相沉积，上部地层为风成表土层，主要为青灰色粉砂夹碎屑，土质疏松，包含草木根茎、砾石，有流水改造痕迹。下部地层为湖相沉积与河流相沉积湖层，湖泊沉积主要形成浅黄色粉砂黏土层，出现轻微胶结，因此较为致密，厚度在 1～2 m，发育水平层理；河流相地层为灰色–黄色细砂与中砂层，土质疏松较软，厚度在 0.5～1 m，发育水平、交错层理，局部发育可能由古地震引起的软沉积变形。两座土坑墓均暴露于坡地断面上，坑内部分人骨已清晰可见，墓坑顶部距离地表深度约 100cm（图 2.76b）。

编号为 2018LLDM1 的墓坑如图 2.77 所示。从坡地剖面暴露出来的遗迹现象看，2018LLDM1 墓坑开口于一层下，打破第二层、第三层地层，墓坑深约 140cm，宽

图 2.77　2018LLDM1 人骨

88～95cm，从剖面观察墓坑底部埋藏人骨，坑内填土为黄色细砂土，包含少量碎石，目前未清理到其他遗物。

编号 2018LLDM1-M2 的墓坑剖面如图 2.78 所示。2018LLDM2 位于 2018LLDM1 东侧，墓坑开口于一层下，打破第二层地层。墓坑深约 75cm，宽 40cm，墓坑底部埋藏人骨，墓坑内填土为黄色细砂土，包含少量碎石，从填土中刮出陶片。

图 2.78　2018LLDM1–M2 剖面

两座竖穴土坑墓剖面均呈 "U" 形，墓坑内人骨保存较完整，根据调查情况确定下一步是否进行清理。

B. 新石器时代的旷野遗址

立定遗址早期文化层分布在尼洋曲二级阶地上。调查伊始，在位于二级阶地的农田断面表面发现了打制石器和石磨棒，石器发现点在断面上略内陷。该断面上还有几处内陷，与石器发现点水平位置相当。该层土质较为疏松，在清理该层剖面时发现几块灰褐陶片，可能是文化层，遂进行了清理，编号 P1。与此同时，在低于 P1 所在农田的下一阶田边发现了几个打制石器，附近农田断面接近地面的位置土色发黑，初步清理即发现了几块灰黑陶片。考虑此处整体低于 P1 且相距较近，地层可能与 P1 下部相对应，所以决定再清理一处剖面，编号为 P3。P1 和 P3 位置关系如图 2.79 所示。此处海拔略低于 3000m（2947m）。

P1 如图 2.80 所示，剖面高 230cm，宽 130cm，从上到下可分为 5 层。

第①层：0～20cm，黑色现代土壤层，土质疏松，有较多植物根系。

第②层：20～70cm，灰黄色砂土，夹杂有粗砂，土质疏松，60～70cm 发现较多陶片。

图 2.79　立定村 P1 和 P3 位置

图 2.80　立定村 P1 示意图

第③层：70 ～ 92cm，黄色砂土，土质较为紧实。

第④层：92 ～ 225cm，黄褐色细砂层，夹杂有少量砾石和已经风化的粗粒花岗岩，140 ～ 210cm 处发现有较多陶片和炭屑。

第⑤层：225 ～ 230cm，浅灰色纯净细砂层，未见底。在深 50 ～ 70cm、130 ～ 150cm 处取浮选土样两袋；在深 60 ～ 70cm、140 ～ 150cm 处取植硅体土样两袋。

P3 上部土质疏松，应该是平整土地时翻上来的堆土，编号①层。堆土之下的地层土质相对坚硬，时有陶片发现，应该是原来的文化层，编号②层。其下的土色变深，为黄褐土，炭屑、陶片等包含物增加，表明此处确为人为堆积，并且可以跟上一层相区分。陶片多为灰黑色的夹砂陶，根据西藏地区已有的陶器编年，灰陶和黑陶的相对年代较早。

石器发现较少，未见磨制石器，多是利用鹅卵石进行打制而成的。继续清理至现代农田表土以下，开始出现较为纯净的青灰色砂土层，并且东高西低。顺着青灰色砂土层与黄褐土的分界线进行清理，发现黄褐土为一灰坑堆积，编号 H1，青灰色砂土被 H1 打破，编号③层。灰坑最低处深度为 265cm，继续向下清理 5cm，依然为纯净的青灰色砂土，这应该是风成黄土，可以认定已经到生土，故停止继续向下清理，拍照取样。

P3（图 2.81）（地理位置为 29.457575°N，94.481495°E，海拔 2947m）描述如下。

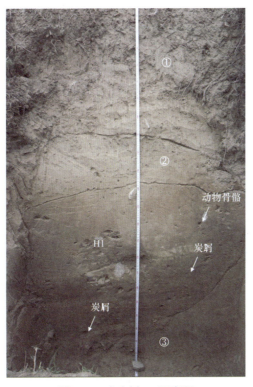

图 2.81　立定村 P3 示意图

东西走向，面向南，宽 130cm，深 270cm。

第①层，深 120～130cm，西高东低，松软的黄土，包含大量植物根系。

第②层，深 120～146cm 或 120～150cm，黄沙土，土质相对较硬，包含有少量的炭屑和陶片，还有少量植物根系。

H1 为锅底状灰坑，②层下开口，打破③层。H1 西侧最底处深 265cm，并进入西壁。H1 上层中部填土为浅黄褐色砂土，土质较硬；下部和两侧为黄褐色砂土，土质较软，下部的填土中还包含有两条青灰色砂土条带（深 190～200cm 和 215～220cm）。两部分填土包含物都有炭屑、陶片和打制石器等。发现的骨骼很少，在 180cm 深度处发现一个动物骨骼，似为食草动物肋骨，在灰坑最底部发现碎骨片。

第③层，表层深 180cm 左右，清理到 270cm 但未见底。被灰坑打破，实际上限可能更高。青灰色砂土，较为松软，不见炭屑等包含物。

取样记录如下。

炭样：深 200cm、240cm 处各 1 个。

浮选土样：第②层 H1 底部、上部居中、上部偏东、下部浅黄褐土块各 1 份，共 4 份。

植硅体土样：按照层位和深度，在剖面中部 10cm 间隔取样，并在 H1 上层东部 180cm 深度取土样 1 份。

2）古乡镇石室墓

古乡镇石室墓在波密县古乡镇西侧泥石流沟口被发现（图 2.82）。

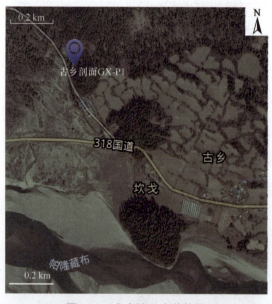

图 2.82　古乡镇石室墓位置

编号为 2018GXM1 的石室墓如图 2.83 所示。从坡地剖面暴露出来的遗迹现象看，2018GXM1 应为石室墓，墓葬形制为圆形竖穴石室墓，墓室以中等大小块石逐层规整垒砌而成，长 130cm，高 90cm，墓室顶距离地表约 90cm。

图 2.83　编号为 2018GXM1 的石室墓

编号为 2018GXM2 的石室墓如图 2.84 所示。2018GXM2 位于 2018GXM1 东侧，基本同 2018GXM1 埋于坡地的同一层位。2018GXM2 从剖面上清晰可辨东西两侧规整的墓室砌石，由中等大小块石逐层规整垒砌，墓室中间以小块石夹土填充。墓室长190cm，西侧墓室墙高 60cm，墓室顶距离地表约 120cm。

图 2.84　编号为 2018GXM2 的石室墓

编号为 2018GXM3 的石室墓如图 2.85 所示。2018GXM3 位于 2018GXM2 正东侧，与 2018GXM2 埋藏于坡地同一层位。2018GXM3 从剖面上清晰可辨东西两侧规整的墓

图 2.85　编号为 2018GXM3 的石室墓

室砌石，由中等大小块石逐层规整垒砌，墓室中间底部由一块完整的大理石铺底。大理石长 130cm、厚 90cm，侧边垒石砌筑高 45cm，墓室顶距离地表约 100cm。

2. 林芝地区人类活动历史

本次科考围绕林芝周边地区展开，重点调查了墨脱县、波密县和林芝市，发现人类活动遗迹比较多的两个区域为波密县的波堆藏布河谷，以及林芝市周边的雅鲁藏布江和尼洋河谷。

1）波密县波堆藏布人类活动历史概况

波密县境内的人类活动遗迹点主要出现在倾多镇（30.079305°N，95.585977°E）周边，分布在雅鲁藏布江支流波堆藏布的各级阶地上。在波堆藏布的倾多镇段，南侧为珠西沟，末次冰盛期冰碛垄分布在沟口，冰碛垄的形态表明冰川运动方向指向河流上游，说明冰川前进时受到周围环境约束，使得冰川流向与沟谷方向不一致（图 2.86）。波堆藏布北侧甲木卡台地为冰水台地，其高度与珠西沟末次冰盛期冰碛垄高度一致，且在剖面底部发现少量冰碛物残留，由此推断甲木卡冰水台地形成于末次冰盛期或更早时期。末次冰盛期甲木卡台地的冰水堆积堵塞河道，从而迫使珠西沟冰川向西北方向移动。在甲木卡台地上方可观察到两期冰碛垄，可能的形成时代为新冰期（全新世）和小冰期。其中新冰期冰碛垄末端海拔 3090 m，距现代冰舌末端 3.4 km；小冰期冰碛垄末端海拔 3530 m，距现代冰舌末端 1.2 km。调查发现的几处遗址的文化层出现在冰水堆积层之间。

在这几处考古遗址中共采集并得到了 8 个 AMS^{14}C 测年数据，结合前人对拉颇和阿岗绒墓地的测年结果，推测该地区的考古遗址年代跨度在 5000 ~ 800 a BP，表明

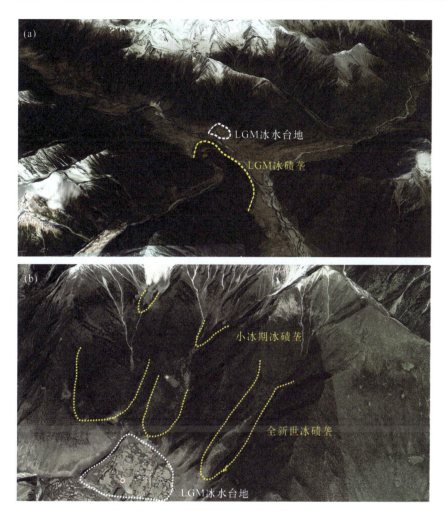

图 2.86　影像显示倾多镇地区冰碛垄的分布

5000 年前至今，研究区都是人类活动的主要区域。

　　在卡定遗址、阿岗绒墓地和甲木卡遗址中浮选出了大麦、小麦和豌豆；卡定遗址文化层出土了各种动物骨骼，经鉴定，包括成年人的头盖骨、20 ～ 30 岁的人牙、大量山羊的骨头及小型啮齿类、中型哺乳动物的碎骨。这些动植物遗存表明，过去 3000 年来，生活在波密县的人群可能经营麦作农业及以山羊为主的畜牧业。

　　这几处考古遗址共产生了 8 个 AMS^{14}C 测年数据，再加上拉颇和阿岗绒墓地以前的测年结果，年代跨度在 5000 ～ 800 a BP，表明从 5000 年前一直到今天，这里都是人类活动的主要区域。

　　2）林芝地区人类活动历史概况

　　林芝的几个考古遗址均发育了厚层的湖相地层。年代比较早的遗址文化层均存在于湖层上部的风成沉积物中，而晚期的遗址文化层多切穿湖相地层而呈不整合接触关系，可能反映了在该区域雅鲁藏布江的漫长堵江历史中，人类活动不断迁移的过程。

在堰塞湖没有溃决的几千年间，人类依湖而居，溃决之后，河谷内以湖相层为基座，形成了河流阶地，成为人类新的生活场所。

林芝地区 6 个考古遗址产生了 26 个测年数据，最早的年代大约距今 3600 年，来自立定遗址。

立定遗址的植物大遗存包括粟、大麦、麦残块和坚果果壳；微体植物遗存有粟、黍、大麦和小麦（图 2.87），反映了立定遗址曾是粟麦混作的农业模式，但这种模式在距今 2500 年后已经全部变成西亚农业组合——都普遗址、加拉马遗址、巴果绕遗址，浮选到的农作物是大麦、小麦和豌豆，这种农业模式一直持续到现在。

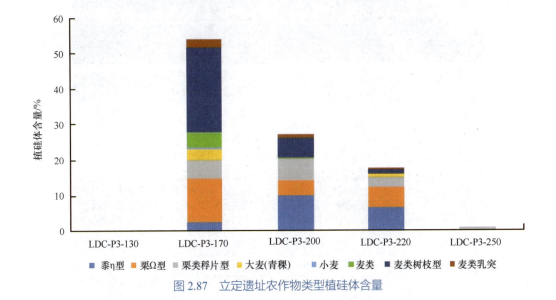

图 2.87　立定遗址农作物类型植硅体含量

第 3 章

藏东南门珞民族分布及迁徙
和经济社会发展调查

3.1 科考调查概况

2018年11月1日～11月30日，门珞科考组围绕门巴族、珞巴族聚落分布、时空变迁、人口迁徙和所在地的经济社会发展等考察任务，先后前往山南市的错那县、隆子县和林芝市的察隅县和墨脱县进行调查，行程 3000 余千米（图 3.1）。重点考察了错那县门巴族重要聚居地勒布沟内的麻玛门巴民族乡和勒门巴民族乡，由于时间关系，对吉巴门巴民族乡和贡日门巴民族乡进行了粗略了解。在隆子县，重点考察了斗玉珞巴民族乡，还前往隆子县陇站、察隅县的沙马前哨和墨脱县西让村附近区域等地进行了实地勘查。

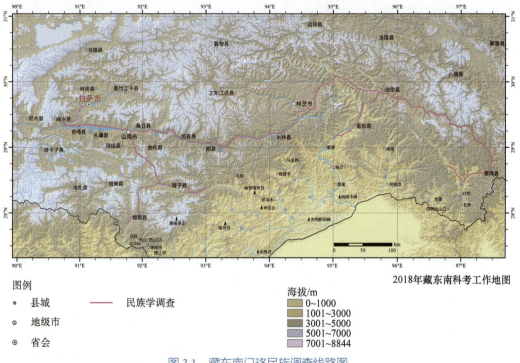

2018年藏东南科考工作地图

图例

- ○ 县城　　——— 民族学调查
- ◎ 地级市
- ⊙ 省会

海拔/m
- 0~1000
- 1001~3000
- 3001~5000
- 5001~7000
- 7001~8844

图 3.1　藏东南门珞民族调查线路图

山南市考察结束后前往林芝市察隅县进行考察，重点考察了上察隅镇珞巴族村寨西巴村、下察隅镇僜人聚居地嘎腰村（图 3.2）。

在墨脱，考察组先后前往背崩乡地东村和西让村，德兴乡德兴村（因修路中途折返没能去成文朗村和德果村），达木珞巴民族乡达木村、卡布村和贡日村，格当乡格当村，以及墨脱镇亚东村、墨脱村和巴日村进行了深入考察。

除了深入一线的田野考察，考察组还同当地各级政府管理部门进行了交流，尤其针对当前藏东南边疆民族地区的经济社会发展、中印及中不边境的抵边小康村建设深入交换了意见。

图 3.2　察隅县下察隅镇嘎腰村

本科考组重点考察了以下内容。

(1) 调查点的自然环境和社会环境。

(2) 民族来源、迁徙与民族分布情况。

(3) 经济社会发展状况。

(4) 婚姻家庭与民族关系状况。

(5) 教育发展与交通状况。

3.2　调查点的自然环境和社会环境

我们调查的区域是藏东南人口较少的民族聚居区,无论是错那县勒布沟还是隆子县斗玉沟,无论是察隅雄曲沟谷(图 3.3)还是墨脱县全境,都位于喜马拉雅山东段南坡山地。其区域特征明显,属于高山峡谷地区,地质构造复杂、新构造运动强烈,地质灾害(崩塌、滑坡、泥石流、雪崩、山洪和地震)频发,垂直自然带明显。调查区域大多海拔较低,气候温润潮湿,森林茂密,物产丰富,但隆子县斗玉沟的情况却差异较大。该沟谷虽然地处喜马拉雅山脉南麓,但由于受到"雨影效应"的影响,气候干燥,林木稀疏,呈现荒漠化特点,这个现象值得深入探究。

在社会环境方面,民主改革前这些地区在社会形态方面总体属于封建农奴制的统治,珞巴族和僜人社会发展更为滞后,属于家长奴隶制阶段,原始社会特征明显,生产力发展水平落后。西藏民主改革后各级人民政权的建立为少数民族当家作主提供了保障。目前各级组织机构健全,基层政权组织得到了强化。虽然藏东南人口较少民族聚居区处于偏远地区,但基础设施建设已经取得了长足进展,水电路网络等公共设施基本齐备。

图 3.3　察隅雄曲沟谷

3.3　民族来源、迁徙和民族分布情况

从远古时代起，门巴族、珞巴族的先民就生活在藏东南和藏南地区，从喜马拉雅山东段主脊到阿萨姆平原结合部之间的广阔地域是他们的主要活动空间。门巴族、珞巴族同藏族一样，都有他们的祖先由猴子变人的神话传说，讲述其远古先民树栖穴居、采集狩猎的生活，并逐渐向现代人类演化。

3.3.1　历史空间分布

从历史上看，门巴族生活在我国西藏地方政府管辖范围内的门隅地区的"主隅"和"门达旺"；珞巴族生活于广阔的珞渝地区，包括上珞渝（靠近西藏的珞巴族聚居地，大致为今墨脱县），如白马岗（今墨脱）、马尼岗和梅楚卡等地；下珞渝，为珞渝腹心地区，泛指永木河、锡约尔河、巴恰西仁河等流域的下游，直至南部同印度接壤的广大地区，如图 3.4 所示。

3.3.2　现代空间分布

目前，门巴族、珞巴族和僜人的分布呈现大分散、小聚居、大杂居的特点（图 3.5）。珞巴族主要集中居住于 3 个民族乡，另有部分散居或杂居于藏族或门巴族的乡村。3 个珞巴民族乡分别是米林县的南伊珞巴民族乡、墨脱县的达木珞巴民族乡

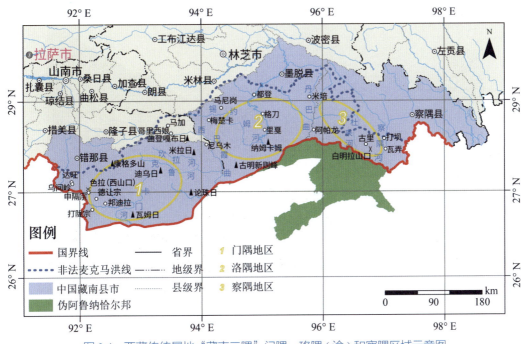

图 3.4　西藏传统属地"藏南三隅"门隅、珞隅(渝)和察隅区域示意图

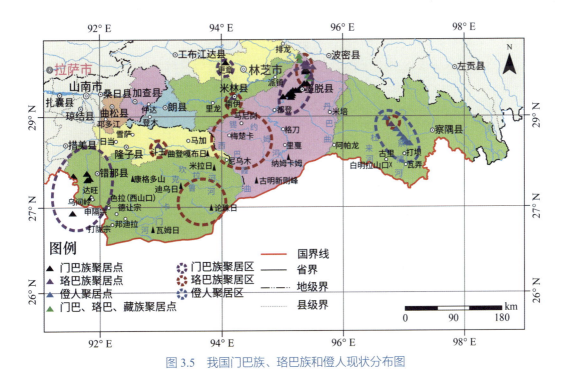

图 3.5　我国门巴族、珞巴族和僜人现状分布图

（图 3.6）和隆子县的斗玉珞巴民族乡，另外墨脱县的加热萨乡、察隅县上察隅镇等也有成片分布。珞巴族族群成片分布，最北在墨脱县加热萨乡的龙列村，最南到阿萨姆

图 3.6　达木珞巴民族乡达木村

平原，西界在隆子县斗玉乡，东界在察隅县上察隅镇西巴村。珞巴族分布海拔最高的
地方是隆子县斗玉珞巴民族乡，海拔 3100m，最低的地方是墨脱县巴昔卡（今印占并
区划为"东桑朗县"的县府所在地，海拔 160m）。

　　门巴族在我国境内集中生活于 5 个门巴民族乡和墨脱县域。5 个门巴民族乡分别
是错那县的麻玛门巴民族乡、勒门巴民族乡、吉巴门巴民族乡和贡日门巴民族乡，林
芝县的更章门巴民族乡，还有相当一部分门巴人散居或杂居于藏族村寨或珞巴村寨。
门巴族族群分布最北界在林芝市巴宜区排龙村（30.020°N，94.565°E）。墨脱县已经是
内门巴族最集中连片的县级行政建制聚居地区，分布人口占门巴族总人口的 80% 以上。
墨脱成为门巴族的另一个聚居地，由此门巴族分布形成了"哑铃"状的"东在错那西
在墨脱"的格局。

1. 年龄分布

　　全国第六次人口普查数据结果显示，西藏自治区常住人口为 3002166 人，其中门
巴族人口总数为 10561 人，占比 0.35%，男女比例基本持平，男性为 5261 人，女性
为 5300 人，女性比男性多 39 人。在年龄结构上（图 3.7），19 岁及以下的人口数量为
4098 人，占比最高，为 38.80%，70 岁及以上的老年人口数量为 304 人，占比最低，
仅为 2.88%。在 20 ～ 69 岁年龄段的人口数分别为：20 ～ 29 岁的人口为 2215 人、
30 ～ 39 岁的人口为 1562 人、40 ～ 49 岁的人口为 1231 人、50 ～ 59 岁的人口为 712 人、
60 ～ 69 岁的人口为 439 人，分别占总人口数的比例为 20.97%、14.79%、11.66%、
6.74%、4.16%。可以看出，我国境内的门巴族人口随着年龄的逐渐递增，人口数量呈
现递减的趋势。

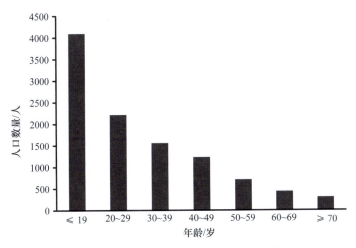

图 3.7　门巴族不同年龄段的人口分布图

2. 城镇乡村分布

从门巴族人口的空间分布结构来看，由于其受到所在地自然地理条件较差、经济发展水平落后和城市化水平较低等多种因素的影响，我国境内居住在城市的门巴族人口数为 520 人，占人口总数的 4.92%，乡镇人口数为 1890 人，占人口总数的 17.90%，而占人口绝大多数的门巴族人口主要分布于乡村，人口数为 8151 人，占人口总数的 77.18%。由此可以看出，门巴族人口主要集中在偏远的农村，呈现出"乡村多城镇少"的分布格局（图 3.8）。

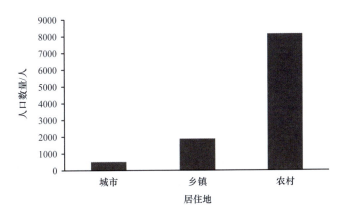

图 3.8　门巴族人口城市、乡镇居住地、农村分布图

3.3.3　民族迁徙

1. 历史上门巴族人口的迁徙

门巴族人口大迁徙是跨世纪的历史事件，是西藏东南部历史的新纪元，也是门珞

文化发展的重要过程。18 世纪末开始，在当地三大领主的残酷剥削和压榨下，门巴族开始寻求在地域上的突破，最终完成民族疆域的转移，摆脱了奴隶制度的压榨、束缚与管制，最终使得奴隶制度解体，形成了封建农奴制度，成为门巴族历史的一个重要转折点。

门巴族人口东迁有着十分复杂的社会与自然原因。18 世纪中后期，西藏地方割据势力凸显，此时的门隅土王自私贪婪、荒淫无度，苛捐杂税多如牛毛，加之连年灾荒、庄稼歉收，普通百姓食不果腹、饥寒交迫。为寻求生路，门巴族人口纷纷逃离家园。在听说东部的白玛岗是一个没有剥削、人人平等、丰衣足食的世外桃源后，他们便携家带口、背井离乡慕名而去，开始艰辛而悲壮的东迁之行。最早离开门隅的六户人家分别是东达、江措、多吉、桑珠、赤列和扎西朗杰，共 30 余人，他们边走边打听路线，历经千难万险之后到达目的地。随后，又有陆续近百户、600 ～ 700 人东迁墨脱。第三批迁徙的门巴族人口除大部分来到墨脱外，还有部分迁徙到了今天的排龙周边区域（图 3.9）。从开始迁徙至今，来到墨脱的门巴人已经传承了 10 代，最晚到达墨脱的也繁衍了六代。

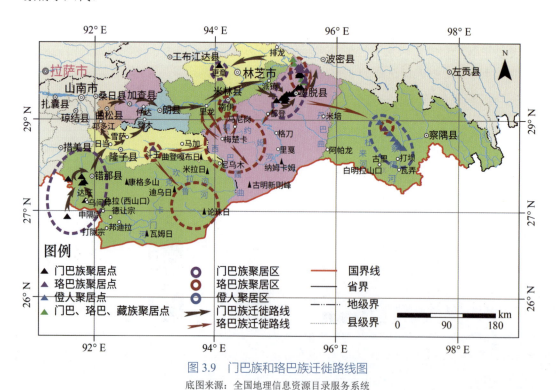

图 3.9 门巴族和珞巴族迁徙路线图
底图来源：全国地理信息资源目录服务系统

百十年间，居住在主隅和达旺的门巴族人口翻越附近的喜马拉雅山的 19 个山口，主要通过 2 条路径向北然后向东朝着白马岗方向迁徙（图 3.10）。一是从主隅的扎西岗（今不丹王国的塔希冈），翻越哈东拉、克节朗等山口，通过沙则通道进入勒布沟和麻麻沟到达错那（扎西岗—哈东拉山口—沙则通道—勒布沟—麻麻沟—错那县城）；二是

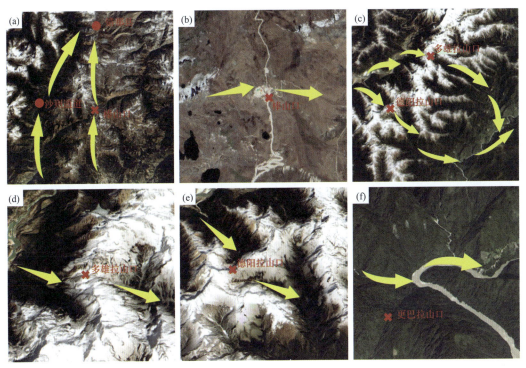

图 3.10　18 世纪门巴族人口大规模东迁主要路线图

(a) 从达旺、塔希冈北迁路线；(b) 翻越棒山口；(c) 从丹娘乡翻越德阳拉山、多雄拉山进入墨脱路线；
(d) 翻越多雄拉山口；(e) 翻越德阳拉山口；(f) 翻越更巴拉山口，沿着雅鲁藏布江北迁路线

从达旺翻越浪坡的棒山口、东章、亭子拉、棒穷、打章拉等山口到达错那（达旺—棒山口—浪坡乡—错那县）。从错那县开始进入高原面之后，经日当到俗坡又分两路北上抵达雅鲁藏布江，然后沿江而下：一路是俗坡—邛多江—曲松县—加查县—朗县—米林县，另一路是俗坡—雪萨乡—三安曲林乡—登木乡—仲达镇—朗县—米林县。从米林分 3 路南下，一路从丹娘乡翻越德阳拉山口，沿着白马西里河来到上珞隅的更巴拉山，通过更巴拉山口后到达西让村，然后逆雅鲁藏布江而上，经背崩村、亚让村到达白玛岗的东波村（今墨脱村附近）；二路从派镇翻越多雄拉山口，沿多雄河，经拉格村、汉密到背崩，再到墨脱村；三路是到波密县的古乡，向南翻越随拉山口，进入加热萨乡后顺江而下白马岗。

2. 历史上珞巴族人口的迁徙

在珞巴族先民从喜马拉雅山腹地向南迁徙的口传历史中，珞巴族先民是珞渝地区最早的开发者。他们世代口授的历史故事和习俗、语言、体貌特征都为其历史起源提供了最为直接的依据，他们的语言属于"藏缅语族"。珞巴族人根据当地广为流传的神话故事追溯他们的源起，即他们是人类先祖阿巴达尼的后代。珞巴族先祖从北部迁至藏南珞渝地区的口头故事，尽管由于时代久远、没有民族文字等在各珞巴族部落中存在差异，但至少说明了两点：一是自北向南迁徙的史实，此为广泛存在于珞巴族各

部落中的公众自我认知；二是阿巴达尼子孙们在迁徙过程中是沿着不同路线到达了不同地点生息繁衍，形成了今日分布于珞渝地区的各支珞巴族部落。在珞巴族的古老传说中，阿巴达尼是珞巴族各部落的先祖，珞巴族的口头文学很多都与阿巴达尼有关，可以说，万物起源和阿巴达尼是珞巴族口头文学中最重要的两个主题。这些传说故事不仅讲述阿巴达尼如何与精灵世界发生种种关系，也叙述了阿巴达尼子孙们从西藏北部地区向南迁徙的古老历史。

珞巴族阿帕塔尼人传说中，其先祖在迁徙过程中遇到了种种困难，且不小心将书写有部落文字的树皮掉进了克鲁伦河的河水中。珞巴族博嘎尔人中也有阿巴达尼三子南迁的故事。珞巴族希蒙人讲到，他们的祖先曾居住在喜马拉雅山北麓，随后迁到南麓的尼贡。珞巴族迦龙人也认为，他们的祖先和藏族的祖先是兄弟，父亲分给他们各人一些种子，种子出来的枝叶指向哪里，就往哪里迁移，他种的是竹子，叶朝南，所以越过喜马拉雅山向珞瑜迁移。对于文字丢失的原因，珞巴族人也有相应的口头传说：一名智者，据说是智慧之神，给世界上所有民族的伟大先祖都分发了各自的语言字母表。珞巴族人的字母表写在动物皮上，其他人的则写在石头或树皮上，由于先祖们太饥饿了，便将那张皮煮着吃了，这也是该民族没有文字书写系统而形成超强记忆力的原因。

3.3.4 现代门巴族人口的迁徙、流向和动因分析

1. 西藏境内门巴族人口的迁徙

统计数据显示：门巴族人口在西藏自治区境内有10234人，主要分布在林芝市和山南市，分别是9439人和670人（表3.1）。从县域层面来看，林芝市林芝县815人，米林县425人，墨脱县8199人，此外山南市错那县620人。墨脱县和错那县为门巴族最为集中的世代居住地。西藏境内门巴族人口迁徙总数为817人，占总人口的7.98%，其中女性491人，男性326人，女性的人口迁徙数量略高于男性。数据分析表明：门巴族的人口迁徙流动规模比较小，人口的迁徙主要局限于县域层面，没有跨越地区层面的有规模的人口迁徙。

表3.1 西藏自治区内门巴族人口空间分布

项目	拉萨	昌都	山南	日喀则	那曲	阿里	林芝
人口数量/人	99	8	670	7	6	5	9439
占比/%	0.97	0.08	6.55	0.07	0.06	0.05	92.22

2. 门巴族人口在西藏自治区外的迁徙

根据全国第六次人口普查数据分析，门巴族迁往我国东、中、西部各地区的人口

数量不大，但是具体到每个省级行政区之间的差距比较大。门巴族人口迁徙流向东部地区省份的人口最多，数量为 332 人；迁徙流向中部地区省份的人口数量居第二位，为 296 人；而迁往西部地区省份的人口较少，为 270 人（图 3.11）。具体而言，东部地区的江苏省是迁入门巴族人口最多的地区，数量为 136 人，而海南省、黑龙江省及宁夏回族自治区仅有 2 人迁入，经济最为发达的北京、上海、广东三个地区，门巴族人口迁入的数量之和为 98 人，这说明经济利益不是门巴族人口迁徙到西藏自治区以外的地区的决定性因素。

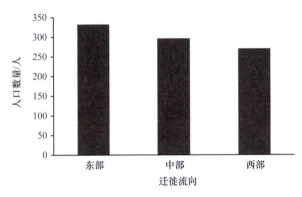

图 3.11　门巴族人在西藏自治区外的迁徙和流向

3. 迁徙动因

依据 2010 年全国人口普查的基础调查数据，把迁徙动因划分为 8 个方面，即学习培训、务工经商、工作调动、随迁家属、投靠亲友、拆迁搬家、婚姻嫁娶及其他等。数据分析显示，其中学习培训及务工经商成为门巴族人口迁徙的主要动因。因学习培训而迁徙流动的人数为 241，占流动人口总数的 29.46%，接近 1/3（表 3.2）。其中男性为 91 人，而女性为 150 人。

表 3.2　门巴族人口迁徙因素一览表

迁徙因素	人口数量 / 人	占比 /%
学习培训	241	29.46
务工经商	208	25.43
工作调动	57	6.97
随迁家属	85	10.39
投靠亲友	48	5.87
拆迁搬家	49	5.99
婚姻嫁娶	54	6.60
其他	76	9.29

由此可以看出，首先，门巴族女性因学习流动的人口明显高于男性，同时这也反映出，西藏门巴族女性地位有很大提高，受教育的程度也高于男性。其次，因务工经商而迁徙流动的人口较多，数量为 208 人，占迁徙人口总数的 25.43%。这表明由于受到经济因素的驱动，门巴族人口开始了市场化的迁徙流动，同时，从性别角度来看，门巴族迁徙流动的女性人口数量明显高于男性，因务工经商而迁徙流动的女性人口为 134 人，占因务工经商而迁徙流动人口总数的 64.42%，而男性人口仅为 74 人。

从门巴族人口迁徙流动的年龄来看，迁徙流动最多的是处于 20 ～ 24 岁年龄段的人，为 219 人，占人口流动总数的 26.81%。从迁徙流动动因来看，其中有 241 人是因为学习培训。从性别角度来看，在 20 ～ 24 年龄段的流动迁徙人口中，女性为 151 人，占绝大多数。随着人口年龄的递增，迁徙流动人口出现递减，但到 50 岁以后，由于投奔等因素，迁徙流动人口的数量略有提升。

门巴族人口在迁徙流动等方面，表现出一些典型特征。首先，从整体来看，全国第六次人口普查数据与全国第五次人口普查数据相比，门巴族人口有了较大的增长，增长比为 18% ～ 36%，但是与西藏自治区常住人口相比，门巴族人口数量仍占少数。从年龄来看，门巴族人口主体是青少年，而老龄人口数量较少，所占比例最低。由此可以预测未来 10 年，门巴族人口老龄化问题并不突出。从教育程度来看，门巴族文盲人口所占比重较低，接受初小教育的人口数量所占比重较大，而接受高等教育的人口比重较小，同时青少年一代的教育层次与教育水平也在不断提升，特别是接受不同层次教育的门巴族女性人口数量比重有所提高。其次，就业结构及职业特征方面，在国民经济产业结构中，农业产业是吸纳门巴族人口的最主要产业。这与门巴族独特的经济生产方式及特殊的地域民族文化有很强的关联性。同时与其他产业比较而言，在第二产业的制造业、交通运输业及第三产业的服务业内，极少有门巴族人口参与。由此可以看出，当前，门巴族人口就业结构以农业为主，且人口就业结构非农业化进程仍然非常缓慢。同时，从职业选择上来看，受到教育程度及技术水平要求的限制，门巴族绝大多数人口为农民，其他职业的人口较少。最后，人口迁徙流动的特征方面，目前门巴族人口集中居住在农村，城镇人口所占比例较少。在行政区域内，目前大多数门巴族人口主要聚居在西藏林芝地区的墨脱县、林芝县、米林县及山南地区的隆子县。在人口迁徙流动上，门巴族人口在西藏自治区内的迁徙流动速度非常缓慢的特征明显，这与西藏城市化的速度有密切的关系。在向区外迁徙流动上，人口主要特征是以青少年为主，流向主要集中于我国东部城市地区。在向区外迁徙流动的动机上，主要特征是学习培训及务工经商。

3.3.5 现代珞巴族的迁徙

珞巴族是我国民族大家庭中的一员，总人口约 60 万。珞巴族主要分布在喜马拉雅山脉东段南麓中印接壤的河谷地带，其先民几万年前就生存在西藏高原。珞巴族大部分居住在雅鲁藏布江大拐弯处以西的高山峡谷地带。直到 20 世纪中期，珞巴族社会仍处于原始社会末期阶段，至今还有部分沿袭。珞巴族依靠祖辈相传的口头传说，延续着自己的文化传统。由于居住分散，珞巴族内部部落众多，主要有博嘎尔、凌波、邦波、达哥、达能、崩如、米新巴、米古巴、德根等 20 多个部落。"珞巴"是藏族对他们的称呼，意为"南方人"。

门巴族人的聚集地墨脱县 200 多年曾经是珞巴族人的领地，因山河阻隔、道路艰险而被称为"高原孤岛"和"隐秘之地"，千百年来，珞巴人或因逃难、或因战乱、或因生计、或因婚嫁，依靠双脚在喜马拉雅山的崇山峻岭里跋涉和迁徙。由于只有自己的语言，没有自己的文字，珞巴人在走向外界时除受自然环境极大限制之外，又多了一重文字阻碍，但是外来文明没有对珞巴人产生大的影响，完整保留了自己民族的风貌。到了现代，珞巴人作为一个平等的政治和经济个体在全国和西藏境内自由地迁徙流动，随着现代社会经济发展、教育理念变化、交通条件极大改善，珞巴族传统文化、传统社会结构、传统生活方式和传统民间风俗等也面临着选择和调整，珞巴族的衣、食、住、习俗等都发生了变化。

18 世纪末之前，珞巴族人口在喜马拉雅山东段南北两侧自由迁徙，后由于"门巴东迁"发生门珞械斗，墨脱县的珞巴族人口沿雅鲁藏布江逐渐向南迁徙。还有一部分珞巴族人口从马尼岗沿着永木河往下游到达东（今印占并被区划为西桑朗县所属镇），进入锡约尔流域，或者从马尼岗经列帮和多吉岭进入巴加西仁河流域的梅楚卡，从梅楚卡向南翻越刀果拉山口进入西巴霞曲流域，或者从梅楚卡沿着巴加西仁河、锡约尔河继续向南到阿朗，或从梅楚卡向北翻越洛拉山口到米林县的里龙村。米林县琼林村珞巴族人员迁徙见表 3.3。

表 3.3　米林县琼林村珞巴族人员迁徙表

家族姓名	性别	迁来年份	迁来时间、地点和原因
达久	男	1961	达久父亲次仁 1926 年从马尼岗迁到才召村，1961 年迁到琼林村，次仁生一子一女：达久 58 岁、亚娘 54 岁
达约	男	1971	其父达玛 1953 年从马尼岗迁到才召村，生一子二女：达约、布娜和亚依，后因闹纠纷 1971 年迁到琼林村
格桑	男	1971	原籍马尼岗，1936 年其祖父携其父另东迁到普龙村，1958 年迁到才召村，1971 后迁到琼林村，生一子二女：德吉、格桑和达娘
京珠	男	1959	1953 年其父达玛洛洛从马尼岗附近的巴布荣村迁到才召村，1959 年迁到琼林村
亚夏	女	1971	1954 年带领两个女儿从马尼岗迁到才召村，被东娘留下不准回去，1971 年迁到琼林村
西洛	男	1962	其养父达娘 1962 年从马尼岗附近的巴布荣村迁到琼林村
达吉	男	1962	其父达登 1962 年因遭印军搜捕，从马尼岗囊马西包迁到琼林，生二子一女：达吉、达伊和亚玛
达玛	男	1956	1956 年，随其父达欣从马尼岗的帮克迁到琼林村
其珠	男	1969	1959 年其父达金从梅楚卡搬回原住地普龙，1969 年从普龙迁到琼林村

家族姓名	性别	迁来年份	迁来时间、地点和原因
刘志海	男	1973	其祖母比鈤 1937 年从吉卡日迁到里龙，生儿子（已去世），1973 年从里龙迁到琼林村。孙子刘志海、刘志东
玛雅	男	1962	其母亚英 1962 年从马尼岗帮日村迁到琼林村
达鸟仁布	男	1954	1954 年从亚路公洞迁到琼林村
亚夏	女	1954	父亲达金随其兄迁到琼林，生亚夏
达噶	男	1961	其父 1925 年，因生活所迫从马尼岗蒙德迁到拉嘎，生二子二女：达仁、达嘎、亚白、亚波儿。1961 年迁到琼林村
亚嘎	女	1973	1973 年因婚姻纠纷从马尼岗逃到琼林村，现居拉萨

3.4 经济社会发展状况

藏东南边疆民族地区近年来经济社会发展迅速，在经济发展、教育事业、交通与通信、小康村与特色小城镇建设等方面都取得了巨大成就。

3.4.1 门巴族、珞巴族经济发展简况

目前，西藏自治区共有 9 个民族乡，其中 5 个门巴民族乡和 3 个珞巴民族乡，加上察隅境内生活的僜人，他们都位于藏东南的边疆民族地区。

自从国家实施兴边富民行动和扶持人口较少民族政策以来，藏东南边疆民族地区的经济发展很快，以下是几个民族乡（镇）的经济社会发展情况。

（1）吉巴门巴民族乡（简称吉巴乡）位于错那县南部，距县城 39km，乡政府所在地海拔 3500m，辖吉巴村、让村两个村委会。辖区面积 301561 亩[①]，耕地面积 242 亩，草场面积 209715.41 亩，林地面积 91604.5hm²，是一个半农半牧的边境民族乡。

吉巴乡共有 83 户，212 人（吉巴村 59 户 148 人、让村 24 户 64 人），其中门巴族群众 196 人，藏族群众 16 人。全乡有 2 个行政村，4 个自然村。2017 年全乡农村经济总收入为 460.6 万元，人均纯收入为 10449 元。

（2）贡日门巴民族乡（简称贡日乡）距错那县 36km，乡政府所在地海拔 3245m，辖区面积 175425 亩，耕地面积 158 亩，草场面积 97200 亩，林地面积 62500 亩。全乡有 2 个行政村，4 个自然村，74 户，2015 年末总人口 173 人，其中少数民族人口 163 人，占 94.2%。2017 年全乡农村经济总收入 338.7 万元，人均纯收入 11203 元。

（3）麻玛门巴民族乡（简称麻玛乡）位于错那县南部勒布沟，距县城 40km，平均海拔 2800m，是错那县重要的边境乡，也是原勒布办事处所在地。

---

① 1 亩≈666.67m²。

全乡总面积 124050 亩，耕地面积 68 亩，草场面积 61176 亩，林地面积 54990 亩，平均海拔 2800m。全乡有 1 个行政村，3 个自然村，67 户，2015 年末总人口 156 人，其中少数民族人口 103 人，占总人口的 66.03%。境内居住有门巴族和藏族人口。2017 年全乡农村经济总收入 456.94 万元，人均收入 15231.33 元。投资额达 8858 万元的麻玛村"生态文明建设示范点、特色旅游小城镇"项目于 2014 年底竣工，为门巴族群众安居乐业奠定了坚实基础（图 3.12）。

图 3.12　新建的麻玛新村

（4）勒门巴民族乡（简称勒乡）位于错那县西南部，距县城 52km，乡政府所在地海拔 2300m。勒乡南抵印度实控区，西与不丹接壤，战略位置十分重要。

勒乡辖勒村、贤村两个村委会。辖区耕地面积为 544500 亩，草场面积为 93618 亩，林地面积为 147800 万亩。全乡共有 51 户 132 人（勒村 28 户 75 人、贤村 23 户 57 人），其中门巴族 91 人，藏族 41 人。2017 年全乡农村经济总收入 452.25 万元，农牧民人均纯收入 17864 元。2017 年，投资 7765 万元的勒乡"特色小城镇"建设项目一期完成，当地村民迁入了功能齐全、设施完善的新居。勒乡新村夜景如图 3.13 所示。

（5）更章门巴民族乡原为排龙门巴民族乡。排龙门巴民族乡位于林芝县东北角，北靠波密县，东接墨脱县，乡政府距县城 130km。排龙门巴民族乡当时辖 9 个行政村，17 个自然村，9 个行政村分别是白玛店村、唐通村、扎曲村、门仲村、玉麦村、排龙村、白朗村、巴玉村、岩旁村。2000 年 6 月，易贡洪水瀑泻，为保障当地农牧民群众的生命财产安全，在西藏自治区各级政府慎重决策下，排龙门巴民族乡整体搬迁至林芝县更章地方，更名为更章门巴民族乡。

图 3.13　勒乡新村夜景

　　搬迁后的更章门巴民族乡下辖 6 个行政村，分别是更章村、白玛店村、久巴村、娘萨村、扎曲村和门仲村。全乡总面积 600km²，耕地面积 1304.2 亩。2012 年，全乡共 287 户，1302 人，其中门巴族 471 人，珞巴族 134 人，藏族 697 人。

　　为了妥善安置搬迁群众的生产和生活，西藏各级政府投入数百万元，及时为搬迁群众修建了面积为 80 ～ 120m² 的住房，加快了农网改造和人畜饮水工程的建设，使搬迁的门巴族群众用上了电，喝上了自来水，改善了群众的生活条件和生存环境。为了方便尼洋河两岸的门巴族和藏族群众出行，西藏自治区投入了 1200 多万元在尼洋河上修建了更章大桥。为了发展民族教育事业，西藏自治区新建了设施一流的更章门巴民族乡小学。

　　更章门巴民族乡充分发挥区位优势，适时调整农牧业结构，种植天麻、木耳、草莓和大棚蔬菜，利用荒坡地栽种特色水果等经济林木，发展藏香猪等特色养殖业，还筹措资金引进人才办了藏香厂，通过多措并举为农牧民开拓增收渠道，经济社会得以良性发展。2015 全乡农村经济总收入为 2764.34 万元，人均纯收入为 11809.9 元。随着拉林高等级公路的开通和天麻种植、藏鸡养殖等特色产业的发展，更章门巴民族乡发展尤为迅速。2017 年，仅更章村经济总收入就达到 778.55 万元，人均纯收入为 15913 元。

　　(6) 南伊珞巴民族乡距米林县城约 6km，位于喜马拉雅山东段北侧，雅鲁藏布江南岸支流南伊河两岸。该乡下辖南伊村、琼林村、才召村 3 个行政村，居住着珞巴族、藏族、门巴族等多个民族。据 2012 年统计，总户数 101 户，人口 492 人，其中珞巴族

383 人，占全乡总人口的 77.85%。行政区域面积 648.4km²，其中林地面积 58758.03 亩，草地面积 212969.7 万亩，耕地面积 1446.02 亩。

1965 年，政府出资修建新房，将散居于南伊沟各山沟的珞巴族群众从高山上搬迁到条件好的平坝地区。在南伊、琼林、才召设立三个行政村，建立南伊人民公社。1988 年，在原南伊人民公社的基础上，成立了南伊珞巴民族乡人民政府。

在各级政府的关心帮助和珞巴族群众的自身努力下，2013 年南伊珞巴民族乡的人均收入已突破万元，2015 年全乡农村经济总收入达到 963.4 万元，农牧民人均纯收入 12339.4 元，现金收入 9587.4 元。2018 年全乡共有 132 户 540 人，其中珞巴族 109 户 403 人，占全乡总人口的 75%。2018 年，农牧民人均纯收入达到 14490 元，农牧民现金收入 12029 元。全乡通水率、通电率、通邮率、通车率、广播电视覆盖率、电信和移动网络覆盖率均为 100%，其经济社会发展的各项指标米林县名列前茅，呈现出繁荣发展、蒸蒸日上的新气象。

（7）达木珞巴民族乡位于墨脱县北部，距县城 39.41km。全乡总面积约 800km²。达木珞巴民族乡成立于 1988 年，下辖 4 个行政村，即达木村、卡布村、珠村和贡日村。全乡以珞巴族为主，此外还居住着门巴族、藏族等民族。2013 年，全乡 286 户 1029 人，其中珞巴族 625 人，门巴族 356 人，藏族 32 人。2018 年全乡共 277 户，1089 人。

达木珞巴民族乡所处地方平均海拔为 1930m，属于热带和亚热带气候。主要农作物有稻谷、玉米、黄谷、鸡爪谷等，盛产香蕉、柠檬等热带水果，特色产品有野花椒、野木耳、野生蕨菜等。农业是该乡的传统支柱产业，新兴的茶种植业正在改变着当地的生产结构。

2018 年全乡经济总收入 1894.91 万元，人均纯收入 11552.59 元，人均现金收入 9526.79 元。

达木地区过去道路险峻，与外界联系困难，现在公路已经通到每个村寨。

达木乡拥有一座颇具规模的小学，目前在校生 107 人，珞巴族等少数民族儿童接受免费教育，学习藏语、汉语、数学、自然、社会等科目。在达木珞巴民族乡，适龄儿童入学率、巩固率均达到 100%，还出了为数不少的大学生。

（8）斗玉珞巴民族乡地处隆子县的东南方向，距离隆子县城 129km，当地平均海拔 3100m，全乡面积为 333km²，是隆子县六个边境乡之一，也是山南地区唯一的珞巴族集中聚居地。斗玉乡下辖 3 个行政村，共 188 户 603 人，珞巴族有 46 户 202 人，占斗玉乡总人口的 34%。斗玉珞巴民族乡新建的文化广场如图 3.14 所示。

"斗玉"藏语意思为"山口之下"，该地风季较长，有一条河穿过斗玉境内。该乡地处亚热带，气候温和，森林资源丰富，还有各种可食用的野生植物。农作物最适宜在 3～11 月生长，主要种植玉米、青稞、土豆、红薯、芋头、油菜、南瓜、豌豆、辣椒等。

2017 年，斗玉乡共 197 户 644 人，其中珞巴族 53 户 203 人，全乡农村经济总收入 1520.23 万元，农牧民人均可支配收入 15069 元。

图 3.14 斗玉珞巴民族乡新建的文化广场

近年来，隆子县在斗玉珞巴民族乡共实施了 18 个"兴边富民"行动项目，特别是斗玉珞巴民族乡生态文明小康示范新村的建成成了隆子县一道亮丽的风景。

（9）察隅县上察隅镇西巴村是察隅县唯一的珞巴族聚居村寨，村民属于珞巴族义都部落。西巴村行政上隶属于上察隅镇，距镇政府所在地 12km，距察隅县城 130km。西巴村目前共 18 户 68 人，是一个以农业生产为主的行政村。全村常耕地 260 亩，其中旱地 222.5 亩，水田 37.5 亩，主要种植水稻、玉米、油菜、苦荞、鸡爪谷等。

西巴村地理位置良好，气候条件优越。村前是奔腾的河流，村后是茂密的原始森林，平均海拔约 2000m。村民的生产活动以种植业为主，主要种植稻谷、玉米和豆类，也从事畜牧、狩猎和采集。

近年来，西巴村经济社会发展迅速。在各级政府的关心帮助下，西巴村修建了能通汽车的钢构大桥，每家每户都盖起了漂亮的新房，人们安居乐业，其乐融融。2018 年全村经济收入 139.79 万元，人均纯收入 21506.6 元，位居上察隅镇所有行政村前列。在发展经济的同时，西巴村村民十分重视下一代的教育，这个隐藏在大山深处的偏僻山村至今已经走出了多名大学毕业生。

（10）下察隅镇位于西藏自治区东南角的察隅县西南部，是察隅县的边境镇之一。下察隅镇属于亚热带季风气候，雨量充足，阳光充沛，气候温润，年平均气温为 12～14℃，年平均降雨量为 720.3～987.2mm。优越的自然地理环境和气候条件为下察隅镇动植物的繁殖提供了有利条件，自然资源丰富，物产丰富，盛产水稻，因此，素有西藏江南的美誉。

全镇辖 20 个行政村，25 个自然组，总户数 1327 户，人口 5705 人（其中僜人 338 户 1328 人），主要居住藏族、僜人和汉族。镇经济以农业为主，是全县的粮食主产区，全镇现有耕地总面积 10764 亩（其中水田 7383 亩，旱地 3381 亩），主要农作物有水稻、玉米、小麦、青稞、花生等，特色产业主要有猕猴桃、茶叶、薏仁、莲藕、生猪养殖等。2018 年全镇国民生产总值为 7796.15 万元，农牧民人均纯收入为 14386.69 元。

除上述几个民族乡（镇）以外，墨脱县目前也是我国门巴族聚居地区之一。墨脱县城如图 3.15 所示。

图 3.15　墨脱县城

墨脱县辖 7 乡 1 镇（其中包括 1 个珞巴民族乡）46 个行政村，主要居民为门巴族和珞巴族，此外，还有部分藏族、汉族及其他少数民族。截至 2018 年，墨脱全县总人口 13725 人，其中乡村人口 10819 人。

由于交通条件的限制，墨脱县长期被人们称为"高原孤岛"，经济社会发展严重滞后。2013 年扎墨公路开通后，墨脱县经济社会发展迅速。2018 年，墨脱县农村经济总收入达 16512.76 万元，人均纯收入 10380.41 元，人均现金收入 8833.12 元。根据西藏自治区小康村建设规划，墨脱县小康村建设涉及 5 个边境乡镇 34 个边境村庄，惠及 1904 户 8528 人，占全县人口的 70%。自 2016 年开始分批实施建设后，计划于 2019 年底完成小康村建设任务。

3.4.2　特色产业发展

进入 21 世纪以来，随着国家兴边富民和扶持人口较少民族战略的推进，西藏边疆人口较少民族聚居区以农牧为主的传统经济结构开始发生变化。相对传统产业而言，一些新兴产业，诸如商业、运输业等逐渐兴起，传统竹木器加工业进一步发展，木材加工、造纸等传统副业受国家政策和市场经济的冲击基本消失，茶叶的种植和加工稳步发展。西藏边疆人口较少的民族聚居区借助独特的自然地理环境和民族文化的优势，开发了一大批具有当地区域特色和民族传统特色的优势产品，大大促进了特色产业的发展。同时，独特的文化和区位优势在促进特色产业发展的同时也带动了当地特色旅游的快速发展，旅游带来的知名度和关注又为特色产业的宣传和销售提供了平台。

在错那县勒布沟、察隅县上下察隅镇和墨脱县，一个新的生产门类在近些年悄然兴起，这就是现代种植业，其中茶产业具有典型性。

在西藏各级政府的扶持下，门巴族、珞巴族、僜人群众充分利用地处喜马拉雅山区多雨、温湿、云雾缭绕的气候特点，在扩大农业生产、发展传统产业的同时，大力调整经济结构，发展特色产业，茶种植业得到了快速发展。

错那县勒布门巴族聚居地是最早开始茶叶种植和加工生产的地方。在 20 世纪60 年代，当地便利用勒布沟得天独厚的地理气候条件栽种茶树，创立了茶场，产品除自用外，部分用于交换和销售。90 年代以后，当地加大茶叶生产力度，利用荒坡山地新开垦了茶园，目前仅勒乡就有茶园 693 亩，麻玛乡有茶园 351 亩，生产的品质优良的高原茶受到市场欢迎，产品供不应求。

勒乡在 2011 年成立了"勒门巴民族乡茶叶农牧民专业合作社"，创立了基地＋农户＋协会的经营模式，开发打造"游仓央嘉措故里、品门隅茶勒仓莲"旅游精品路线，将茶产业打造成为当地特色产业的拳头产品。勒乡在以往的基础上不断创新，现有红茶、绿茶、速溶茶等多个新产品，新的茶叶勒仓莲已完成提档升级，并成功进入市场。勒乡茶种植和加工没有任何污染，属于纯天然生长，加上雨水充足、紫外线强等，茶叶有机成分高，富含氨基酸等多种对人体有益的成分，有降血压、降血脂等功效，是真正的纯天然有机茶，深受广大消费者的青睐，产品在市场上供不应求。勒乡茶园如图 3.16 所示。2019 年 3 月，农业农村部、国家发展和改革委员会、财政部等 9 部委联合下发《关于公布 2018 年国家农民合作社示范社和全国农民用水合作示范组织名单的通知》（农经发〔2019〕2 号）文件，山南市错那县"勒门巴民族乡茶叶农牧民专业合作社"获批国家示范社。

墨脱地区是茶种植加工的后起之秀。墨脱县地处喜马拉雅山东段南坡，雅鲁藏布江纵贯全境，境内森林密布，雅鲁藏布江峡谷内湿润多雾，海拔 800～1500 余米，适宜种植高山云雾茶。

从 2012 年开始，墨脱地区将茶叶种植加工作为调整产业结构、改善群众生活的重要内容。2012 年，墨脱村拉贡率先试种了 90 亩茶叶，开启了墨脱茶叶种植的序幕。由于试种的茶叶长势良好，墨脱县于 2013 年开始大规模推广，并于次年制定了《墨脱县茶叶产业发展总体规划》，从此拉开了墨脱县茶产业发展的大幕。墨脱县茶园种植品种主要有福鼎白茶、梅占、铁观音等 7 个，引进并试种凤凰单枞、英红九号等品种。

图 3.16　勒乡茶园

　　墨脱县委、县政府高度重视茶产业的发展，已把茶产业作为促进全县经济发展的特色主导产业，围绕"基地扩大、质量安全、品牌打造、市场开拓"战略，相继制定出台了《墨脱县茶叶产业发展总体规划》《墨脱县茶叶基地后续管理规定》《墨脱县茶叶种植工作推进方案》等。聘请专家作为墨脱县茶叶种植技术顾问，2015 年，墨脱县建立了第一个茶叶苗木基地，填补了茶苗生产上的空白。为实现茶苗自给自足，2016 年，第二个茶叶苗木基地（墨脱苗圃）建成。墨脱苗圃基地的建成大大降低了茶业种植的成本。在茶叶苗木的选择上，坚持"引种、繁育、育苗"的原则，狠抓优质茶苗培育工作。

　　2015 年，墨脱县成立的某茶业有限公司采取"公司 + 基地 + 农户 + 实体店（网店）"的产业发展模式，建设了茶叶加工厂。农户负责种植和采集，企业负责收购茶青、加工和销售工作。为了扩大墨脱茶叶的影响和打开销售市场，墨脱县和公司加大了宣传，相继在墨脱当地、林芝和拉萨及内地的成都等地开设墨脱茶实体销售网点，入驻"京东"等电商，扩大了墨脱茶销售的渠道。

　　墨脱县近年来将茶产业作为特色农牧主导产业，促进了当地的经济社会发展，为当地农牧民群众的增收搭建了良好平台。从墨脱县德兴乡的情况看，该乡种植茶叶的历史还不长，但茶产业已经给乡镇经济带来了活力。近年来，德兴乡贯彻落实墨脱县委、县政府发展思路，将茶产业作为主导产业，坚持走以"产业 + 农户 + 公司"为模式的产业经营发展之路。经过几年的发展，德兴乡茶产业初具规模，该乡的荷扎村、文朗村、巴登则村、那尔东村和易贡白村已种植茶树 1672 亩。2018 年，德兴乡荷扎村、那尔东村和文朗村三个行政村春茶喜获丰收，共采摘春茶（独芽）3839 斤，收入共计

57.585 万元，人均增收 715 元。

2018 年，墨脱县共打造高山有机茶园基地 32 个，总面积 8738.36 亩，可采摘面积 3798 亩，采摘茶青 6.24 万斤。通过发展茶产业，带动农牧民群众增收 257 万余元，涉及 5 个乡（镇）18 个行政村 1195 户 5347 人，其中建档立卡 260 户 1138 人，已脱贫 145 户 720 人。截至 2019 年 6 月，墨脱茶田数量已增至 8926 亩。墨脱县茶产业的发展壮大了县域经济实力，为群众增收找到了一条切实可行的路子，极大地调动了群众发展茶产业的积极性，增强了发展内生动力，实现了区位和资源优势转化为经济优势的目标。

察隅县下察隅镇充分发挥自身地理优势，以市场为导向，立足实际，积极争取上级扶持，在适宜区域大力发展猕猴桃、茶叶、石榴等特色产业。

截至 2017 年，下察隅镇已种植猕猴桃 1200 亩，油茶 1000 余亩，薏仁 1600 亩，枇杷 600 余亩，莲藕 93.1 亩，花生 750 余亩，辣椒 300 余亩。2018 年，下察隅镇新建茶园 338.85 亩，其中沙玛村 132.05 亩，卡地村 206.8 亩，总投资 676.68 万元。同时，沙琼村、竹尼村、塔林村、嘎腰村、嘎堆嘎美村、扎巴村、松古村 7 个行政村与察隅县某茶产业发展有限公司共签订 6000 余亩茶叶种植合同。

下察隅镇在大力发展茶产业的同时，也因地制宜地积极探索其他特色种植业。在沙玛村和布巴村试种突尼斯软籽石榴 310 亩，其中沙玛村 280 亩，布巴村 30 亩，总投资 384.73 万元（其中政府投资 368.43 万元，群众投工投劳 16.3 万元）。

除了特色种植业，在西藏边疆人口较少的民族聚居区，各地根据自身地理环境和资源优势，积极探索特色鲜明的产业开拓，助推当地的经济社会发展，取得了良好成效。例如，墨脱县除了发展茶产业外，还大力发展石锅（图 3.17）加工业和竹编业，林芝

图 3.17　走向产业化的墨脱石锅

市更章门巴民族乡大力发展藏猪藏鸡养殖业、草莓蘑菇种植业，米林县南伊珞巴民族乡发展藏药材种植和织布手工业，大力发展旅游业等。特色产业已成为藏东南边疆民族聚居区脱贫致富奔小康的重要途径。

3.4.3　民族教育事业

　　藏东南边疆民族地区大多地理位置偏远，长期以来交通不便，信息闭塞，过去教育发展极为落后。在党和政府的关怀和全国人民的支援帮助下，教育事业发展很快。尤其是 21 世纪以来，西藏边疆民族地区的教育事业取得了令人惊叹的成就。

　　在西藏边疆民族地区教育方面，南伊珞巴民族乡走在了前面。1985 年，南伊乡成立了全区唯一的一所珞巴民族小学，开创了西藏民族教育的新纪元。南伊珞巴民族乡小学历来以教学质量好著称，在米林县有良好的口碑和声誉，致使不少其他乡镇的学生转学到该小学。作为一所完全小学，学校环境优美，教学设施良好，配备了电教室、电脑室、图书馆等，实行汉语和藏语"双语"教学，开设了语文、数学、藏语、英语等课程。目前学校有 170 多名学生，其中珞巴族等少数民族学生 140 多名。全乡适龄儿童入学率达 100%，巩固率 100%。在党和政府的关爱下，西藏中小学学生都享受着包吃、包住、包学杂费用的"三包"待遇，珞巴族、门巴族等人口较少民族的学生在中考和高考中都有一定的加分优惠政策。

　　错那县勒布门巴族聚居区的教育事业发展迅速。为了发展当地的教育事业，山南市和错那县多次拨出专款维修和扩建学校，购买教学设备，改善办学条件。目前，勒布中心学校经过了几次建设后，拥有宽敞明亮的教学楼和各类设施完善的教学用房。电化教学室、图书室和音乐室及科学实验室应有尽有，还新建了篮球场和足球场等体育设施。如果单从校园建设和教学设施看很难想到这是边陲的民族学校。

　　墨脱地区的教育事业最能反映出西藏边疆民族地区的教育发展状况。2007 年，墨脱县通过了"普九"验收。2018 年，墨脱全县有中小学 9 所，其中中学 1 所，小学 8 所。全县中小学在校学生 1646 人，其中初级中学 568 人，小学 1078 人，小学适龄儿童入学率为 99.83%，初中适龄少年毛入学率为 101.79%。在《国务院关于深入推进义务教育均衡发展的意见》的评估中，墨脱县的义务教育均衡发展，并获得优秀等级，反映了西藏边疆民族地区教育发展所取得的非凡成就。今天，门巴族、珞巴族不仅有大批大中专毕业生，还有研究生学历的知识分子，有知识、有文化的一代新人正活跃在西藏建设的各个领域。墨脱县小学生正在上体育课的场景如图 3.18 所示。

3.4.4　交通与通信事业

　　藏东南边疆民族地区在党中央的关怀和全国人民的支援下各项事业快速发展，党的各种富民政策赢得了民心。现在藏东南边疆民族地区社会安定，人们凝心聚力发展生产，改善生活，边民生活富足，他们发自内心地感恩党和政府，抵边安置和小康村

图 3.18　墨脱县小学生正在上体育课

建设使边民成为固边守土的重要力量，而边防一线的道路通信等基础设施建设的改善与推进，在物质基础层面为固边守土打下了坚实的基础。

西藏和平解放后，各级政府十分关心门巴族、珞巴族地区交通事业的发展。门巴族、珞巴族人民同藏族、汉族人民一道，逢山开路，遇水架桥，修筑了公路，架设了现代化桥梁，已初步改变了当地交通落后的状况。

门隅北部的勒布地区是门巴族重要的聚居地之一。西藏民主改革前，勒布是藏区通往门隅腹地的重要交通要道，然而，当时勒布境内的交通，娘姆江曲河纵贯全境，却仅有一些简易的木桥沟通，每当洪水季节，木桥常被冲毁；从勒布山谷到错那县，需从海拔 2000 多米的谷底攀越近 5000m 高的波拉山才能到达，道路是陡峭艰险的羊肠小道，交通十分困难。

西藏民主改革后，为了改变门巴族地区的交通状况，国家投入大量的财力和物力建桥修路。门巴族人民以极大的热情投入了修路工程，修通了从错那县政府所在地到勒布区各乡的简易公路，全长 60km；在娘姆江曲河上架设了水泥石孔桥 2 座、木桥 3 座。公路和桥梁的建设密切了门巴族人民与外界的联系，又方便了江两岸人民的生产和生活。2016 年投资两亿多元的道路改造和铺油路工程完成，从错那县城到勒布沟（图 3.19）最南的勒门巴民族乡仅一个小时即可到达，勒布沟门巴族聚居地的交通问题得到了根本解决。

由于墨脱县特殊的自然地理条件，交通问题一直困扰着人们。从 20 世纪 60 年代开始，国家便决定修建墨脱公路。经过大量的勘测和筹备后，于 1975 年正式开工修建，国家先后投入了 2000 多万元，修筑了 80km 的简易路段，但由于暴雨和泥石流灾害频繁，修路曾一度被迫中止。从 1989 年开始，国家又投入 3000 多万元，修复遭毁损的路段，

图 3.19　通往勒布沟的盘山公路

续建扎墨公路 80～141.4km 路段，1994 年 2 月 1 日实现了分季、分段初通。扎墨公路全长 141.4km，起点为波密县扎木镇，终点为墨脱县城。这条公路的开通初步改变了墨脱县交通落后的状况。但是，由于墨脱复杂的地质地况，这条公路时断时通，整治与维护成本极大，墨脱与外界的联系仍靠徒步数日翻越喜马拉雅山口，货物运输仍主要靠人工背运。墨脱的交通问题仍未得到根本解决。

为了彻底解决墨脱的交通问题，国家相关部门将墨脱公路的修建与整治列入了"十一五"规划。2008 年 10 月 21 日，国务院召开常务会议批准了墨脱公路修建规划，计划投入 9.5 亿元巨额资金修建与整治墨脱公路（图 3.20）。2013 年 10 月，墨脱公路全线贯通，宣告了墨脱县千百年来作为"高原孤岛"和"中国唯一不通公路的县"的封闭历史的结束。与此同时，墨脱境内各乡镇的公路网络也已相继建成。

2017 年，扎墨公路迎来了新一轮的路面升级改造，将全线实施路面加宽和柏油硬化，总投资达到 12 个亿，计划两年半完成。

2014 年动工的第二条进入墨脱县的公路——派墨公路也在紧锣密鼓的建设之中。这条由米林县派镇至墨脱县的公路，堪称是中国最难修的公路，这条仅 117km 的公路，曲曲折折，反反复复，穿林涉水，翻山越岭，仿佛游走在世外之境。2017 年 12 月 24 日，派墨公路最大的"硬骨头"、全长 4789m 的多雄拉山隧道实现了顺利贯通，墨脱公路环线的建成将极大改善墨脱县的交通状况。

3.5　婚姻家庭与民族关系状况

考察组在调查中发现，随着国家对边民，特别是人口较少的门巴族、珞巴族、僜

图 3.20　通往背崩乡的道路

人等的扶持力度的加大，人口较少民族聚居区的经济社会发展明显加速，人们过上了安康富足的生活，对临近甚至较远的其他藏族聚居区的村民产生了深深的吸引力。在调查中，我们发现门巴族、珞巴族及僜人村寨中的婚姻构成发生了明显变化，门藏婚、珞藏婚、门珞婚、僜藏婚甚至门汉婚、珞汉婚、僜汉婚大量出现，家庭结构、民族结构和民族关系正在发生着深刻变化。

中华人民共和国成立后，中国共产党实行各民族一律平等的民族政策，而西藏的和平解放和民主改革彻底摧毁了封建农奴制统治，为在西藏建立新型的民族关系提供了前提。为了使中华人民共和国境内的各民族都充分享受民族平等的权利，中国政府在 20 世纪 50 年代和 60 年代组织力量进行了大规模的民族调查和民族识别。经过科学严谨的民族识别，门巴族被认定为一个单一民族，于 1964 年经国务院正式颁布确认；珞巴族也被认定为一个单一民族，于 1965 年经国务院正式颁布确认。珞巴族被认定为单一民族，在称谓上以该民族居住在西藏东南部而被称为"珞巴族"（意为"居住在西藏南部的民族"）。门巴族和珞巴族分别被认定为单一民族，这是门巴族、珞巴族发展史上的一件影响深远的重大事件，它标志着门巴族和珞巴族长期遭受歧视和屈辱历史的终结，它是中国各民族不分大小一律平等的民族政策的具体体现。从此，门巴族和珞巴族作为中华民族大家庭中平等的成员出现在了中国的政治舞台上，充分享受了民族平等的权利，这为建立团结、互助、平等的社会主义新型民族关系创造了条件。

为了贯彻落实《中华人民共和国民族区域自治法》，西藏自治区人民政府批准在门巴族聚居的错那县勒布区，在原有的麻玛、吉巴、贡日和勒 4 个行政乡基本构架的基础上，于 1984 年 11 月 1 日成立麻玛门巴民族乡、吉巴门巴民族乡、贡日门巴民族乡和勒门巴民族乡。1988 年 4 月 23 日，在林芝县的排龙地区成立了排龙门巴民族乡。1988 年 4 月成立了墨脱县达木珞巴族自治乡，1988 年 6 月成立了米林县南伊珞巴族自治乡，2010 年 11 月成立了斗玉珞巴民族乡。此外，在察隅县上下察隅镇和西巴村等僜人和珞巴族比较集中的地方也实行了特殊的政策。门巴族、珞巴族聚居区的乡级政权建立起来了，而民族乡政府的主要领导都由门巴族、珞巴族本族人民担任。今天，从地方到全国的历届人民代表大会和政治协商会议中，都有藏族、门巴族和珞巴族的代表和委员。目前，在全国人民代表大会代表中，西藏自治区共有 20 名代表，其中 12 名为藏族公民，门巴族、珞巴族公民各 1 名，他们直接参加地方和国家管理，行使当家作主管理国家的权利。

　　西藏是一个以藏族为主体的多民族地区，由于历史和地理等因素，门巴族、珞巴族、僜人和藏族之间在社会文化方面有较大差异，以致互相之间因文化差异与互不了解而产生疏离和隔阂。这种不和谐的民族关系历史上曾影响和阻碍了西藏各民族之间的团结和发展。今天，门巴族、珞巴族、藏族和僜人之间的民族关系已得到了根本改变。珞巴族和僜人的经济文化过去十分落后，西藏各级党委和政府采取了许多措施，加强了珞巴族和僜人地区的经济社会发展。为了改变珞巴族和僜人群众长期居住山林的状况，人民政府在 20 世纪 60 年代和 80 年代两次为珞巴族和僜人修建房屋、建设"珞巴新村"和"僜人新村"，接珞巴族和僜人群众下山居住。为了帮助珞巴族人民和僜人发展生产改善生活，西藏米林县、墨脱县、隆子县、察隅县等地的藏族群众还拿出最好的田地供珞巴族人民和僜人耕种，手把手教会他们使用新的生产工具和耕种方法，珞巴族、僜人和藏族群众之间建立了深厚的兄弟情谊。随着党的民族政策的贯彻落实，特别是改革开放和国家对人口较少民族采取特殊的扶持政策，门巴族、珞巴族及僜人聚居区的经济快速发展，社会全面进步，其独特的文化和民族特征逐渐为人们所知晓，影响逐步扩大。为了加快门巴族、珞巴族、僜人地区的经济社会发展，一批批藏族、汉族和其他民族的干部和工程技术人员来到门巴族、珞巴族、僜人聚居区，同当地群众一道共同开发建设，门巴族、珞巴族、僜人同藏汉等兄弟民族之间的平等、团结、互助、和谐的新型民族关系得到日益巩固和发展。

　　目前，藏东南边疆民族地区的民族关系持续改善，军民关系更为融洽。藏门、藏珞、藏汉、藏僜及门珞民族关系更加和谐，民族间的交往、交流、交融更为紧密，呈现出各民族共同团结奋斗、共同繁荣发展的局面。

第4章

墨脱县农牧业生态环境

4.1 科学考察前记

2018 年 11 月 12 日，藏东南人类活动遗迹与生存环境调查科考分队农牧业科考小组成员在林芝市西藏农牧学院汇合，正式开启了为期 20 天、行程约 800 km 的农牧业考察（图 4.1）。赶赴墨脱县途中，考察队成员针对沿途经历的不同类型植被带进行了交流探讨。从林芝市八一镇到墨脱县大约 350 km 的行程，经历了寒带—温带—亚热带和热带的全谱气候带及高山冰缘植被带（4000 ~ 4300 m）—高山灌丛草甸带（3700 ~ 4000 m)—亚高山针叶林带（2600 ~ 3700 m)—阔叶、针叶混交林带（2500 ~ 2600 m)—亚热带山地常绿阔叶林带（1100 ~ 2500 m)—低山热带季雨林带（600 ~ 1100 m）。不同的气候带和垂直植被自然带谱孕育了不同的自然及人文景观。

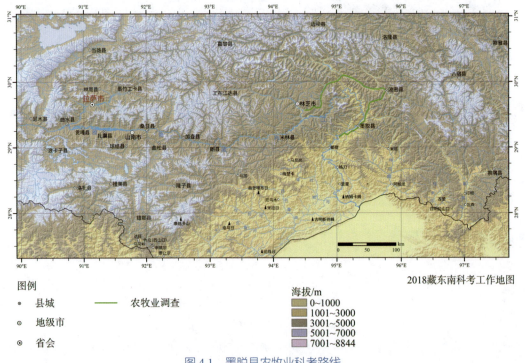

2018藏东南科考工作地图

图例

- ⊙ 县城　　——— 农牧业调查
- ⊚ 地级市
- ⊙ 省会

海拔/m
- 0~1000
- 1001~3000
- 3001~5000
- 5001~7000
- 7001~8844

图 4.1　墨脱县农牧业科考路线

抵达墨脱县城后，考察团首先与当地县政府、农业部门及农牧企业进行了对接。随后展开深度调查工作。本次考察活动，考察团成员深入考察总计 4 个乡镇、12 个村（图 4.2），其中帮辛乡、格当乡和甘登乡因道路施工交通管制，未能对其实地调查。主要通过走访墨脱县农牧局，并以电话、视频语音的形式，与 3 个乡镇基层农牧工作负责人进行了调研。墨脱县印控区（伪"阿鲁纳恰尔邦"）数据资料主要通过国际机构平台、查阅公开发表的资料（https://www.britannica.com/place/Arunachal-Pradesh）进行收集汇总。

图 4.2　科考覆盖区域 (白彦福 绘制)

4.2　社会经济与农牧业资源禀赋

4.2.1　墨脱县经济 – 社会 – 人文环境

1. 人口与国民经济

墨脱县地处雅鲁藏布江下游，全县平均海拔 1200m，最低海拔 115m。地理坐标为 27°33′ ～ 29°55′ N、93°45′ ～ 96°05′ E，总面积为 31394.67km² (以下数据如无特殊说明，均为墨脱县我方实际控制区数据)。墨脱县辖 7 乡 1 镇 (其中包括 1 个珞巴民族乡)46 个行政村，截至 2019 年 1 月，总人口 13786 人，其中农村人口占比约 80%，主要居民为门巴族 (76.6%) 和珞巴族 (13.1%)，还有部分藏族 (8.0%)、汉族及其他少数民族 (0.6%)。目前通自来水的行政村有 40 个，覆盖率高达 87%，通汽车村落 33 个，通电村落 40 个，通邮的村落 23 个，能收看电视的村落 45 个 (图 4.3)。2016 年数据显示，墨脱全县 GDP 总值约 4.74 亿元，其中农、林、渔、牧等第一产业总产值约占 70%，基本无采矿、制造、建筑等第二产业，服务业等第三产业约占 30%。2017 年农牧民人均纯收入 9124 元，同比 2016 年增幅较为明显 (9.28%)。

2. 农牧业科技人才队伍

墨脱县农村实用人才有 609 名。其中，生产型：种植养殖能手 50 名，农牧产品加

图 4.3　墨脱县德兴小康示范村 (通自来水、通电、通邮)(张涛 摄)

工能手 3 名；经营型：农牧经营者 3 名，农牧民合作组织负责人 15 名，农牧业企业经营者 14 名；技能服务型：植保员 203 名，村级动物防疫员 25 名，农村信息员 4 名，农产品质量检测员 2 名，畜禽繁殖员 1 名，蔬菜园艺工 2 名，农作物种子培育员 4 名。

3. 民族民俗文化

门巴族和珞巴族的独特民族文化蕴含丰富。以背夫、墨脱石锅为代表的石锅文化；宗教文化，如仁青崩寺、贡堆神山、娘姆错湖、莲花生大师践迹等；古老刀耕火种的农耕文化；鸡爪谷酒等酒文化；刀箭、毒箭、地箭、绳索、竹枪等以狩猎工具为主的狩猎文化；依赖于巫术力量的祭祀文化；以洞穴、树巢吊脚木楼为代表的原始建筑文化、演变文化；以门巴语、仓落语和藏语为主的语言文化。

4.2.2　农牧业资源禀赋

1. 气候特征

墨脱县属于喜马拉雅山东段亚热带湿润气候区。四季如春，雨量充沛，年均气温 16℃，1 月平均温度为 8.4℃，7 月平均温度为 22.6℃，年极端最低气温为 2℃，最高气温为 33.8℃，年降水量在 2358mm 以上，南部最大降水可达 5000mm，年日照时数 2000h，年无霜期 340d，相对湿度 80% 以上，与中国华南沿海区域的气候类型较为接近。

2. 植被土壤

墨脱县 2013 年森林资源规划设计调查报告显示，墨脱县我方实际控制区面积中，林地面积共计 4408 km²，占实际控制土地面积的 69.23%，基本上全部为生态公益林。墨脱县受印度洋暖湿气流影响强烈，土壤中腐殖质积累过程和灰化过程明显，土体风化程度较高，淋溶作用强烈。森林土壤一般厚度为 40～60cm，质地为轻壤 – 砂壤，pH 在 5～6，呈酸性土壤，有机质含量较丰富，上层可达 11%～12%，肥力较高。因海拔高差大，土壤由高海拔至低海拔发育形成了寒、温、热带完整的垂直带。

3. 本土农副产品

墨脱红米是当地门珞群众的主食，外皮呈紫红色，内心红色，米质较好，营养价值也较高，微有酸味，味淡，可做饭粥和汤羹，是当地百姓酿酒的原材料。墨脱县得天独厚的气候条件，成了香橼（*Citrus medica*）生长的适宜之地，当地人称墨脱县出产的香橼（图 4.4）为大柠檬，但它其实是柠檬的"近亲"，并不属于同一物种，其体态壮硕，果皮粗糙，相当于十几个普通柠檬的大小，最重的可达十几斤。

图 4.4　墨脱本地产香橼（科考队员：张涛，白彦福 摄）

墨脱县相对闭塞的环境让这片秘境几乎没有任何工业污染源，其得天独厚的气候条件更是提供了优质茶叶生长的沃土。墨脱有机茶由当地门珞群众依据有机农业的方法进行生产加工而成，在其生产过程中，不施用任何人工合成的化肥、农药、植物生长调节剂、化学食品添加剂等物质。墨脱县海拔较低，属于亚热带气候，日照时间长，雨量充裕，墨脱县出产的香蕉虽个头较小，但口感滑腻，香甜可口，且淀粉含量十分丰富。

4.3 种植和养殖产业结构

墨脱县地域辽阔、雨量充沛、土壤肥沃，有着得天独厚的光热条件。农牧业以农业为主，牧业比重不大。粮食种植以水稻、玉米为主，还有少量的青稞和鸡爪谷。特色农业包括高山有机茶产业、果蔬种植（香蕉、柠檬、蜜柚、橄榄及反季节蔬菜）。藏药产业发展亦取得初步成效，但高山河谷地貌条件限制了现代化种植技术的应用。农业基础设施落后，大部分农田无排灌设施，无积肥、施肥习惯，导致农业生产效率低下。交通运输条件的局限及泥石流、山体滑坡等自然灾害的频发给当地特色农产品的外输造成了不便。

4.3.1 传统种植业

1. 主要农作物种植面积

墨脱县农作物总播种面积 2.4 万亩，其中粮食种植面积达 2.04 万亩，以水稻、玉米为主，水稻种植 6049.7 亩、玉米种植 1.25 万亩。种植的玉米品种有仲玉 318、华白玉 9 号、川玉 68 等，种植的水稻品种有宜香 3003、德优 4727 等。此外，还有少量青稞和鸡爪谷。油料作物种植面积合计 277 亩，蔬菜类种植面积 1998 亩，蔬菜大棚 314 个，总面积 148 亩。

2. 常见农作物的产量

据不完全统计，2017 年农作物总产量约 6300t，其中粮食作物产量合计 5383t（玉米 3130t，稻米 1722t），粮食产量较 2016 年同比增长 4.2%。油料作物产量合计 47.9t，蔬菜产量 869t。为了提高粮食产量，2017 年入冬以来，墨脱县农牧局先后派农技人员深入各乡镇加强冬播作物田间管理。一是在播种前加强土地平整；二是在冬播作物周边建立围栏，防止牲畜破坏践踏庄稼；三是维修水渠加强对冬小麦冬灌追肥等各项工作。古老传统的农耕文明——刀耕火种玉米地如图 4.5 所示，传统种植的水稻田如图 4.6 所示。

4.3.2 养殖业现状

截至 2017 年，墨脱县牲畜存栏总头数为 18576 头，其中牛 4803 头（包括黄牛 3976 头，良种及改良乳牛 175 头，犏牛 652 头），马 267 匹，骡子 1312 匹，猪总计 12194 头（包括藏香猪 9042 头）。家禽 14154 只（其中藏鸡 9194 只，约占家禽总数的 65%）。

图 4.5　古老传统的农耕文明——刀耕火种玉米地 (白彦福 摄)

图 4.6　传统种植的水稻田 (张涛 摄)

2017 年全年肉类总产量约 250t，其中猪肉产量 180t，牛肉 60t，藏鸡肉总产量 8t。当年出售猪肉和牛肉分别为 53t 和 30t。

2011 ～ 2016 年，每年有 2 人享受村级天然草原监督员补助，每人年补助资金为 5400 元；2016 年，3 人享受扶贫生态岗位补助，每人 3000 元 / 年。全县草畜平衡条件下的载畜量为 3.5 万个绵羊单位，全县草畜平衡状态良好，无超载现象。墨脱县因地理气候等因素，目前未开展人工种草等项目。

从总体来看，墨脱县的养殖业以家庭副业为主，多数"靠天养畜"，缺少科学养畜的观念，农业和牧业得不到互利互助的发展。墨脱县养殖业的发展存在很多问题，主要表现在以下几个方面。

1. 畜群品质差、品种退化严重

畜群品质差，缺乏种畜，群体间个体差异大，品种退化严重，尤以黄牛和猪为甚。在气候、环境、交通、草场等诸多因素的制约下，牧业发展缓慢，以前的本地品种"八眉牛"已所剩无几，在目前尚存的品种中已经很难找到优良品种的特点和影子；缺乏先进的品种改良（人工授精）设备和技术能力，全靠牲畜自然交配，繁殖和生产效益显著降低。

2. 饲养管理方式粗放

群众养猪方式落后，没有圈养习惯，早放晚归，白天猪基本在外游牧拱草，对草皮破坏严重，饲养的生猪品种多属于藏香猪（图 4.7）。夏秋两季猪主要在田埂、荒滩、树林和山地灌丛觅食，冬春两季其采食草根、树根、灌木种子等，少量补饲、多数没有棚圈，形成了传统的粗放饲养管理方式。

图 4.7　藏香猪早放晚归的散养方式（魏学红 摄）

3. 养殖业商品率低

由于传统思想观念和饲养方式的制约，形成了以自繁、自养、自食，以及以满足家庭生活所需为目的的自给自足型饲养模式。群众的商品和市场经济意识淡薄，很难见到肉品上市交易，养殖业商品率低，几乎没有现金收入，社会效益差。

4. 兽防力量薄弱、机构不健全

墨脱县兽医站能真正从事兽防工作的人员严重不足，导致部分人员超负荷工作，县兽医站人员普遍缺乏实践经验和理论知识，业务水平整体偏低，在畜牧业发展中严重缺乏技术人才，如果不采取相应措施加以改进，墨脱县的养殖业只能维持现状，难以升级发展。

4.4　特色农牧产业的机遇与挑战

4.4.1　高山有机茶产业概况

2012 年墨脱县建成了第一个试验性茶园，得到了县委、县政府的高度重视。2013 年将茶叶生产确立为农牧特色主导产业，县委县政府于 2014 年制定了《墨脱县茶叶产业发展总体规划》，正式拉开发展茶产业的帷幕。截至 2018 年全县已完成高山有机茶园基地建设约 8000 亩（图 4.8），其中背崩乡背崩村檫曲卡茶园基地是规模最大、专业性最强、配套设施最完善的茶产业基地，茶场总面积为 1100 亩。

图 4.8　墨脱高山云雾有机茶（白彦福 摄）

西藏墨脱茶叶具有较好的品质，其外形、肉质和茶叶主要生化指标均可与内地优质茶叶相媲美，香味浓郁，回味悠久，品质上乘，更重要的是原生态与零污染品质（表 4.1）。

表 4.1　西藏现有的茶叶品种及品质

茶叶品种	茶多酚 /%	儿茶素总量 /（mg/g）	L-EGC+L-EGCG/（mg/g）	氨基酸 /（mg/g）	咖啡碱 /%
福鼎白毫	27.09	133.92	85.89	516	3.6
鸠坑种	28.66	134.83	86.85	456	3.36
西藏易贡秋茶	27.44	134.38	92.82	194.51	—
西藏东久秋茶	27.65	136.29	81.17	440.56	3.78

资料来源：《墨脱县茶叶产业发展总体规划（2014—2025 年）》，广东省农业科学院。

随着茶园基地的建成，茶产业已成为农牧民增收的支柱产业，经济效益已初步显现。从 2017 年统计数据来看，在墨脱镇的邦塘村、拉贡村、上崩多村和下崩多村，背崩乡的檫曲卡、东欧久和德兴翁村，达木乡的达木村和卡布村革林等投产的茶园中，共计采摘茶青 23509.5kg，其中一芽一叶 11536.5kg，一芽二叶 11973kg，共计增收176.1 万元。

4.4.2　茶产业发展目标

到 2020 年，力争全县茶园面积扩大到 15000 亩，投产面积 9550 亩；认证有机茶园达到 7500 亩，绿色认证茶园达到 4200 亩，良种率达到 100%；配套建设茶叶良种繁育基地 50 亩，供应优质茶苗超过 1257 万株（表 4.2）。

表 4.2　墨脱县各乡镇茶叶中长期种植规划

功能区	乡、镇名	新增面积 / 亩											
		近期		中期					长期				
		2014 年	2015 年	2016 年	2017 年	2018 年	2019 年	2020 年	2021 年	2022 年	2023 年	2024 年	2025 年
核心区	墨脱镇	780	200	400	400	350	350	360	400	350	350	350	400
	背崩乡	1168	300	500	500	500	500	400	400	350	350	350	350
	达木珞巴民族乡	1100	500	400	600	650	450	500	400	350	350	350	400
	格当乡	600	1000	700	500	600	700	500	400	500	500	450	350
辐射区	帮辛乡						10	50	100	100	50	50	50
	德兴乡	4					10	50	100	150	100	50	50
	加热萨乡						10	50	100	150	150	150	150
	甘登乡						10	50	100	50	50	100	150
	总计	3652	2000	2000	2000	2100	2040	1960	2000	1950	1900	1850	1900

资料来源：《墨脱县茶叶产业发展总体规划（2014—2025 年）》，广东省农业科学院。

通过茶叶产业的转型升级，实现茶叶种植良种化、标准化、生态化，茶叶加工集约化、机械化，茶叶营销品牌化、组织化和市场化。茶园布局更合理，面积适度扩大，产量有效提高，茶叶品质和龙头企业实力显著提升，产业链更加趋于完善，茶叶品牌影响力和市场竞争力显著增强，茶文化、茶休闲、茶观光日益繁荣，促进墨脱县"小茶叶"向"大产业"快速转变，成为西藏的"茶叶之乡"。

4.4.3　反季节蔬菜和藏药材

全县种植露天蔬菜近 2000 亩，总产量达 869t。设施蔬菜大棚 314 个，总面积达

148 亩。墨脱镇新建蔬菜大棚 40 亩，目前正在招投标当中。当地"订单农业"已具雏形，蔬菜种植户已经与县城餐饮经营主体建立起了微信采购群，组织村民适时采摘新鲜蔬菜，做到产销无缝对接，减少流通环节产生的额外成本和浪费。2018 年以来，开始利用墨脱县本土野生藏药材资源丰富、品种多样的优势，发展藏药材产业。墨脱县的海拔、温度、湿度都非常适合种植铁皮石斛（*Dendrobium officinale*）。铁皮石斛作为非常珍贵的养生药材，具有良好的发展前景和市场空间。

2015 年，在县政府大力引导下，墨脱县建立了铁皮石斛苗木培育基地（图 4.9），目前该基地内种植有 22 万株幼苗，第一批投入资金 150 万余元。现已陆续将幼苗移栽至野外仿野生种植，实验也取得了阶段性的成功。该基地技术骨干人员有长达 18 年的铁皮石斛种植与组培经验，建立了较完善的组培苗圃实验中心（图 4.10），相关技术日臻完善。

图 4.9 铁皮石斛种植苗圃基地（张涛 摄）

4.4.4 特色农牧产业的机遇与挑战

1. 国家及西藏地区对农业的发展支持政策增多

墨脱县经济社会发展正面临着千载难逢的历史机遇。我国对少数民族地区、边境地区的发展越来越重视，并针对少数民族地区和边境地区制定了一系列优惠政策：2011 年初，林芝地委和行政公署明确提出以后的工作要向墨脱县倾斜，墨脱县也提出

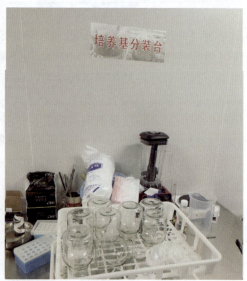

图 4.10　墨脱县铁皮石斛组织培养实验中心（魏学红 摄）

"农业稳县、生态立县、能源富具、文化名县、交通兴县、旅游强县"的发展战略，合理利用本土优势，建设特色农产品基地，同时广东、福建的大力援助也为加快墨脱县社会经济的发展提供了良好的发展机遇和条件。

2. 发展环境的逐步改善将带来良好发展机遇

随着嘎隆拉隧道顺利贯通，扎墨公路全线正式开通，墨脱县基础设施日益完善，经济发展水平逐步提升，为墨脱县经济社会带来了新一轮的大发展，为墨脱县茶叶产业的发展提供了基础条件。

国家计划新建连接林芝地区米林县和墨脱县的公路。这条道路将从米林县派镇开始，连接墨脱县背崩乡，这条道路建设完成并通车后，墨脱县将形成一个环形公路网，米林县到墨脱县将缩短到 3h 车程，交通状况将得到极大改善。

3. 生态有机茶叶产品受到市场青睐

随着市场经济的发展和人民生活水平的提高，优质、安全、特色茶叶产品越来越受人们的青睐，高品质茶叶产品市场需求旺盛，显现出广阔的发展空间。长期以来，由于受到交通条件的制约，墨脱县被誉为我国的最后一片净土，墨脱工业几乎空白，生态环境优良，需要充分利用墨脱县良好生态环境资源优势大力发展生态有机茶产业，把具有优越的自然环境作为后发优势竞争力。

4. 自然灾害频繁

墨脱县属于喜马拉雅山东侧亚热带湿润气候区，是典型的雨养农业县，到目前为止还没有从根本上改变靠天吃饭的农业生产格局。墨脱县有虫灾、洪水、滑坡、泥石流和地震等自然灾害（图4.11），农业生产面临着严峻的挑战。

图 4.11　墨脱县 2018 年山体泥石流滑坡影响交通案例（魏学红 摄）

5. 茶叶市场价格起伏不定

国内茶叶市场价格起伏不定，由于供求关系、交通、信息闭塞等，其受国内外消费大市场的影响和冲击更加明显，茶叶产品难销的问题表现突出，茶叶产品价格忽高忽低。增产不增收问题时有出现，茶叶生产、销售的风险较大。

6. 农业专业技术人员严重缺乏

墨脱县作为"边、远、穷"次发达县的现状短期内难以得到根本改善，总体经济发展水平较低，很难吸引和留住农业发展的专业人才，致使墨脱县的种植业、畜牧业、检测化验等方面专业技术人员缺乏，农牧业技术推广队伍专业技术水平落后等，这些将严重影响茶叶新品种、新技术的推广步伐，专业技术人员也远远不能满足新时期茶叶产业发展的需要。

7. 墨脱农业发展面临的挑战

一方面基地发展空间小，产业规模发展受阻。墨脱县隶属于雅鲁藏布大峡谷国家级自然保护区，且地处高山峡谷地带，地势较陡，地块分散，可开发的荒地有限，可发展特色农牧产业的土地资源紧缺，产业基地勘测困难重重，极大地限制了农牧产业的规模发展。据 2016 年统计，全县耕地面积仅为 2.4 万亩，其中水稻田 0.6 万亩，玉米地 1.25 万亩，其他杂粮种植面积仅 0.55 万亩。

另一方面特色产品深加工程度低，市场附加值不高。墨脱县加工业正处于待开发阶段，少数农牧特色产品仅仅局限于简单单一的加工方式，大部分农牧特色产品基本处于未加工、未包装的原材料状态，严重影响其在市场上的竞争力和经济效益。

4.5　特色林果业经济发展与潜力

4.5.1　特色林果业概况

1. 香蕉 (*Musa nana*)

墨脱县 2008 年启动野生香蕉驯化及新品种引进试种项目，于 2009 年开始发展香蕉产业，历时 5 年在墨脱镇、背崩乡、德兴乡、达木乡 4 个乡镇 7 个村建成香蕉基地 10 个（图 4.12），总规模达 2186.5 亩。在保护瓦荣莱斯、聂日莱斯、加嘎莱斯原有 3 个香蕉品种的基础上，于 2012 年从广东省、福建省引进红皮蕉、粉蕉、皇帝蕉及漳蕉八号 4 个新品种。经过市场竞争，目前经营管理较好的香蕉园约 800 亩，其中面积

图 4.12　德兴小康示范村香蕉种植基地（张涛 摄）

最大的玛迪香蕉基地面积达 244 亩。全县香蕉年产量 240 余吨，但是因为香蕉成色不好，所以销路不畅，农牧民保鲜技术缺乏，部分香蕉未经市场不得不直接回归自然，效益甚微。香蕉产业每年可为农牧民创收 50 余万元，惠及 2280 余人。

2. 香橼 (*Citrus medica* L.)

香橼基地自 2009 年始建，已于 2011 年在墨脱镇墨脱村、背崩乡背崩村、达木乡卡布村、德兴乡德兴村建成了 4 个香橼基地，总面积 300 余亩，目前年产量约 40t，市场价格 5 ~ 8 元 / 斤，供不应求，销售前景广阔，预计可为农牧民年均创收 50 余万元，受益农牧民 379 户 1654 人。

3. 枇杷 (*Eriobotrya japonica*)

墨脱枇杷在帮辛乡帮辛村、帮果村、背崩乡西让村、墨脱镇墨脱村、亚东村、亚让村、玛迪村等地共计种植 290 亩，亩产约 400 kg，预计可为农牧民创收 120 万元，带动 473 户，户均增收 2537 元。

4. 蜜柚 (*Honey pomelo*)

2011 年全县开始实施蜜柚种植项目，目前蜜柚基地主要分布在德兴乡德兴村、米日村、荷扎村、墨脱村，总面积 287 亩。荷扎村、米日村的蜜柚已开始收获，但产量较低，亩产仅 25kg 左右。

4.5.2　发展潜力

扎墨公路全线正式通车结束了墨脱县不通公路的历史，嘎隆拉等隧道的顺利贯通提升了公路运输能力，交通瓶颈将会得到进一步缓解，为墨脱县经济社会新一轮的大发展提供强有力的基础保障。

近年来，墨脱特色农牧产业发展初见成效，在第六届四川国际茶博会上，墨脱绿茶和红茶斩获金奖，对下一步发展具有强大的推动作用；同时，通过近年来茶产业发展带来的社会和经济效益，农牧民群众对茶叶种植从原来的抵触开始向自愿种植的观念转变，部分群众自愿将个人耕地种植成茶园，土地被进一步优化利用，为进一步发展打下了基础。

4.6　农牧业未来发展的思考及建议

（1）建设边境小康示范镇和示范村。努力改善水、电、邮等基础设施，加强山体滑坡及泥石流等自然灾害发生的预警和控制，打破限制墨脱县社会经济、农牧产业发展的交通瓶颈问题，建设一批边境小康示范镇和示范村，体现社会主义优越性。

（2）积极调整农业产业结构。传统农业投入少，未形成质量标准；农业基础设施差，农业科研、教育、推广人力严重不足；大力发展茶叶、石斛等特色产业。

（3）加强专业合作社建设，发展"订单农业"。建立蔬菜种植户微信群和县城周边客户商家采购微信群，组织村民适时采收蔬菜，做到产销无缝对接，减少流通环节。

（4）发展农牧业生态旅游与体验经济。培育改良林果野生品种，发展高品质的庭院经济（图 4.13）。积极发展藏猪和藏鸡等家庭牧场和生态放养模式，形成育 – 养 – 食等体验模式，吸引更多游客，带动家庭经济发展。

图 4.13　庭院种植香橼 (*Citrus medica* L.) (a)；移栽野生花卉佩兰 (*Eupatorium fortunei* Turcz.) (b)

（5）发展石斛等林下经济作物。种植石斛不毁林、不占耕地，种植技术要求低，但经济价值较高。墨脱县的自然环境、政策要求和群众的耕作方式都适合石斛等林下产业的发展。

（6）高山有机茶产业初具规模。在林芝墨脱茶业有限公司、墨脱县政府的招商引资带动下，农户种茶的积极性高涨，但是由于整个墨脱县地形地貌条件不佳，耕地资源非常稀缺，可生产茶业总量有限，茶叶供不应求。茶园的管理及茶青的加工工艺仍然比较粗放，应充分发挥高山有机、零污染的地域优势，提质增效；积极申报国家地理标志。政府应组织茶农到云南、福建等地参观、学习先进的茶叶种植、管理、加工、市场营销等经验，为未来墨脱茶产业升级奠定基础。

（7）加强科教投入与科教合作。阜外单位在支援墨脱县产业发展的同时，也要加大当对地科技和教育人才的培训，最终实现从输血向造血的功能转变。西藏和墨脱政府应邀请更多阜外科研机构到墨脱县开展相关基础应用和政策研究，为墨脱县相关产业升级、居民奔小康，以及文化与社会发展繁荣奠定基础。

（8）鼓励我方边民与印占区居民或亲属接触与交往，传递和交流农畜果菜等品种、生产、加工、市场营销等有关信息，扩大和加强我方对印占区的影响，为边境安全服务。

第 5 章

藏东南古人类生存环境调查

5.1 人类活动遗迹的地貌环境

5.1.1 概况

人类生存环境之地貌环境调查，沿雅鲁藏布江及其重要支流（拉萨河、雅砻河、尼洋河和帕隆藏布）的河谷进行（图5.1）。具体路线为：拉萨市区—贡嘎县昌果沟—拉萨市拉古村—哲蚌寺东侧坤巴沙村—曲贡遗址—达孜县塔吉乡谢扎沃村—达孜县德庆镇新仓村—达孜县曲隆村—堆龙德庆县昌东遗址—堆龙德庆县德庆乡邱桑遗址—羊八井加日塘遗址—羊卓雍措—然巴乡—曲松县—山南地区多洛康萨村—羊卓雍措—然巴乡—山南地区邦嘎遗址—加查县—米林县—南迦巴瓦峰—通麦镇—波密县—古乡—倾多镇巴康村—古乡古村—立定村—林芝市巴果绕村—尼洋河流域的多布村—林芝市加拉马村。

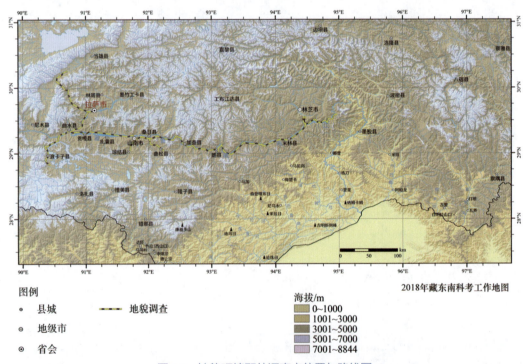

图 5.1 地貌环境野外调查点位置与路线图

调查内容包括：①对雅鲁藏布江流域古人类活动遗址的相关地貌和沉积进行调查，为恢复遗址点的古地理、古环境打下基础；②调查雅鲁藏布江末次冰期以来的堰塞和溃决洪水过程，进而认识灾害事件、地貌变迁对人类活动的影响。

5.1.2 雅鲁藏布江中下游地貌环境演变

科考中我们发现，大量的遗址点位于河流阶地或湖相阶地上，因此人类活动和雅鲁藏布江流域演化有紧密联系。因此本次科考中，我们着重调查了雅鲁藏布江干流的拉萨—山南河谷、林芝河谷和支流帕隆藏布的古乡河谷与堰塞湖发育相关的河湖相沉积，并追寻发生在这些河谷下游的堵江堰塞事件（图 5.2）。

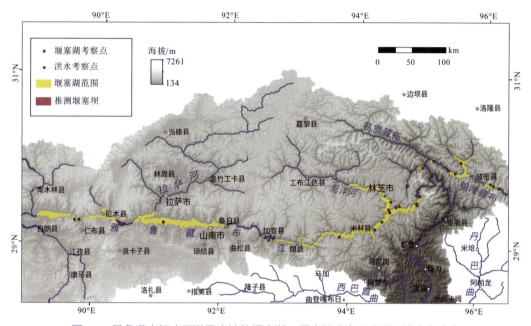

图 5.2　雅鲁藏布江中下游及支流的堰塞湖、堰塞坝分布及古湖、洪水考察点

1. 雅鲁藏布江山南—加查段

为调查雅鲁藏布江山南段河谷堰塞湖成因，我们对桑日县至加查县段可能发育的堰塞坝开展野外调查（图 5.3）。受南北向裂谷带的影响，雅鲁藏布江中游的河谷呈宽谷与峡谷相间的串珠状发育。其中桑日县至加查县为典型高山峡谷，总长度约 50 km，河谷宽度不足 150 m，海拔从峡谷口 3550 m 下降到 3230 m。河谷两岸非常陡峭，平均坡度 60° ～ 70°，两岸基岩主要为花岗岩。由于河谷狭窄，且河道比降大，因此河流流速非常快。河谷两侧见大量滑坡、泥石流和冰川相关堆积，砾石表面无风化，堆积物较松散，我们推断其沉积时代较新，老的堰塞坝可能已经被侵蚀改造而无法寻找。影像显示山顶存在大量终年积雪，峰顶支沟被侵蚀为 U 形，说明发育过古冰川。该地区存在大量悬冰川，冰川下方有很多冰川堰塞湖。湖泊宽度为 100 ～ 400 m，指示冰川发生过多次前进。不过古冰斗面积较小，且靠近河道两侧的支沟较为狭窄且呈 "V" 形，因此我们推断冰川并未直接下到谷底。

综上，我们推断发育在雅鲁藏布江山南河谷段的堰塞湖成因为与冰川相关的泥石流/崩滑塌堵江作用，其形成时代为末次冰盛期。

为调查雅鲁藏布江山南段河谷堰塞湖溃决过程，本科考分队对加查县至朗县开展野外考察。野外调查发现沿加查县至朗县均有洪水堆积分布，超覆在各种地貌部位之上，包括风成堆积、河流阶地和洪积物等（图 5.4 和图 5.5）。

图 5.3　影像显示仁布到曲水段堰塞坝和堰塞湖地层分布

图 5.4　山南地区加查县巧奴村溃决大洪水沉积剖面

洪水剖面出露厚达 40m，发育平行层理，以灰白色中粗砂为主

图 5.5　山南地区加查县嘎麦村溃决大洪水沉积剖面

洪水剖面出露厚度超过 30m，发育平行层理的灰白色中粗砂夹砾石层，剖面中间发育约 1.5m 厚的棕黄色古土壤层

从剖面上看，溃决洪水堆积主要为灰白色粗砂夹砾石，砾石为棱角状，磨圆分选较差，粒径在 0.5 ～ 20 cm。粗砂层常见大规模斜层理和平行层理，结构松散。洪水堆积物之上通常发育河流相砾石层和黄土古土壤，拔河高度超过 100 m。由于后期河流切割侵蚀作用，形成了一系列洪水基座阶地。

为约束洪水堆积物时代，我们在加查县陇兰乡地区进行勘察，并发现了一个人工剖面（图 5.6）。剖面底部为浅黄色弱层理黄土；之上覆盖黄白色、弱水平层理、粗砂、夹棱角状砾石层（0.5 ～ 3 cm），我们推断其为溃决洪水堆积；洪水层上部为无水平层理的砂层，推测其为风成堆积。为约束各地层年代和后续研究的开展，在该剖面采集了 6 个光释光（optically stimulated luminescence，OSL）样品。

图 5.6　山南地区加查县洪水地貌和地层

2. 雅鲁藏布江林芝段

雅鲁藏布江林芝段河谷从米林县卧龙镇至米林县派镇格嘎村为高山宽谷，长度为 100 km。河谷两侧山峰陡峭，峰顶存在大量现代冰川。本地区最高峰为南迦巴瓦（海拔 7782 m）。谷底地形平坦，海拔约 2920 m，河谷最宽处可达 4 km。根据前人的钻孔研究，谷底沉积物厚度可达 800 m，最早时代为 2.5 Ma（Wang et al.，2014）。河谷中可见大量湖相地层，由具有良好水平层理的浅黄色粉砂黏土组成。河谷中局部发育风成沙丘。

前人已经对该地区河湖沉积物开展过大量研究，结果表明河谷内主要发育两级湖积阶地，可能分别对应三期古堰塞湖事件，三次湖相地层的堆积时间分别为约20 ka BP、约 7 ka BP 和约 2 ka BP。堰塞湖的形成机制主要是南迦巴瓦的则隆弄冰川前进而引发的堵江作用。

为约束南迦巴瓦主峰则隆弄冰川前进时代，我们对冰碛垄地貌开展了调查并采集年代学样品（图 5.7）。野外调查发现南迦巴瓦主峰则隆弄冰川 LGM 时期侧碛垄从支谷中段一直延伸到雅鲁藏布江边，垄顶部平坦。冰碛垄表面分布着大量花岗糜棱岩漂砾，直径数十厘米至数十米。为约束冰碛垄时代，我们在垄平坦顶面挑选了 5 块漂砾，采集了宇宙成因核素暴露测年样品（NJBW18-1 ～ NJBW18-5）。

图 5.7　南迦巴瓦峰则弄隆冰川冰碛垄地貌及宇宙成因核素暴露年代样品

3. 帕隆藏布古乡段

帕隆藏布为雅鲁藏布江的最大支流，沿嘉黎裂谷带呈近东西向发育。古乡段河谷范围从波密县古乡村至波密县城，为高山宽谷，长度为 35 km。河谷两侧山峰陡峭，峰顶存在大量现代冰川。谷底地形平坦，海拔约 2680 m，河谷最宽处可达 2 km。河谷中局部可见典型湖相地层，由无水平层理或弱水平层理的浅黄色粉砂 – 黏土组成，顶部发育有坡积物（图 5.8）。堰塞坝分布在曲村至古乡村之间，因此推测为冰川前进形成的冰水扇发生堵江，引起堰塞作用，野外可见河谷两边的支沟处发育有多个终碛垄（图 5.9）。

图 5.8　古乡冰川坝地貌和堰塞湖沉积物结构特征

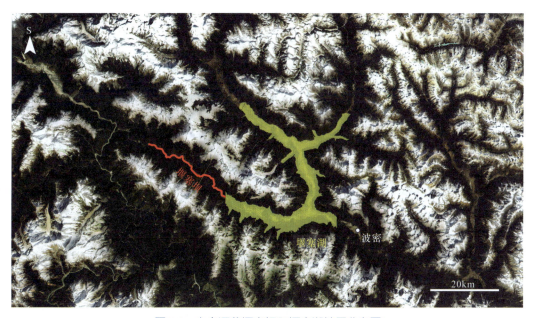

图 5.9　古乡河谷堰塞坝和堰塞湖地层分布图

5.2 人类活动历史的气候环境

5.2.1 科考概况

湖泊沉积记录对研究人类生存环境具有重要意义。通过对青藏高原东南部地区湖泊进行调查研究，为研究气候环境变化对南线"高原丝绸之路"东西大通道形成的影响提供重要的环境背景，为进一步认识青藏高原人–环境相互作用的过程与规律提供基础。因此人类生存环境之气候环境调查的具体内容和研究方案如下：①在重点区域（雅鲁藏布江中游、下游地区）选择与人类活动遗址相近的湖泊，考察研究湖泊现代过程，利用无人船测量湖泊水位、水质分布，测量湖底地形，计算水量，系统采集湖水、浮游动植物、微生物、陆地植物等样品，分析湖水水化学特征，考察湖泊生态系统，厘清湖泊现代过程及各种生物指标的气候指示意义。②选择与人类活动遗址相近的湖泊采集湖泊沉积物岩心、表层沉积物，分析人类活动代用指标（黑炭、PAH、粪甾醇等）与考古记录对比，分析气候环境变化代用指标，定量重建历史时期温度、降水、植被、湖泊生态系统变化，综合研究气候环境变化与人类文明发展的关系。

野外调查路线如图 5.10 所示，主要调查区域包括雅鲁藏布江中下游湖泊。野外工作时间为 2018 年 11 月 6 日～ 2018 年 11 月 16 日。

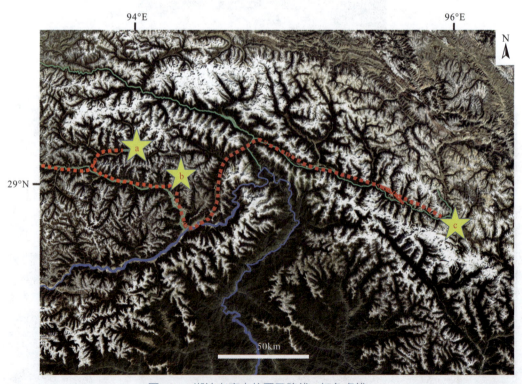

图 5.10 湖泊考察点位置及路线（红色虚线）

a. 巴松措；b. 措木及日湖；c. 然乌湖

本次科考共考察了巴松措、措木及日湖、然乌湖三个湖泊，获得了沉积物特征和湖泊水深图，在此基础上获取了巴松措重力钻岩心 1 根、水样剖面 1 套、表层水样 6 个，措木及日湖重力钻岩心 2 根、水样剖面 1 套、表层水样 5 个，然乌湖重力钻岩心 5 根、表层水样 6 个。所获岩心是重建藏东南地区近千年温度、季风降水变化的重要材料，也是研究藏东南地区水热格局变化与古人类农牧业社会关系的基础资料。

1. 巴松措流域

巴松措又名措高湖，长约 18 km，湖面面积约 27 km²，最深处达 120 m，湖面海拔 3480 m，位于距离工布江达县巴河镇约 36 km 的巴河上游的高峡深谷里（图 5.11）。峡谷呈"U"形，由末次冰期古冰川侵蚀形成，现代湖泊流域内分布大量海洋性冰川。

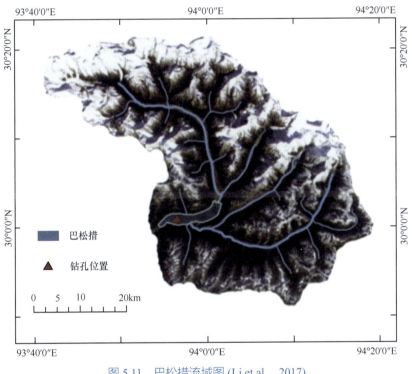

图 5.11　巴松措流域图 (Li et al.，2017)

科考队员使用劳伦斯声呐探测仪获取了该湖泊的水深数据，图 5.12 是利用该数据制作的巴松措水深图，为后期在该湖获取重力钻和长岩心提供保障。湖水深度显示巴松措由东西两个湖盆构成，东部湖盆最大水深 111m，西部湖盆最大水深 114m，湖泊均较平坦宽阔；两个湖盆之间被高出 70m 的水下堤坝隔开。这指示了巴松措是一个处于发育早期的湖泊，尚未达到沉积平衡。浅层剖面仪沉积物扫描结果（图 5.13 和图 5.14）显示：东湖盆沉积物厚度超过 22 m，处于湖泊入水口，沉积物受水动力扰动较大，不具有明显沉积结构；西湖盆沉积物厚度超过 25 m，位于出水口，沉积良好，是合适的钻探地点。

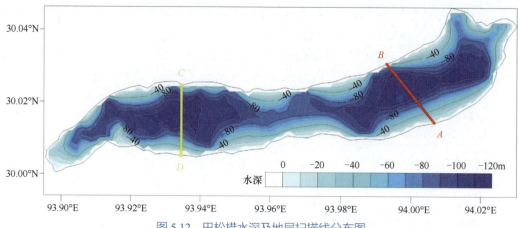

图 5.12　巴松措水深及地层扫描线分布图

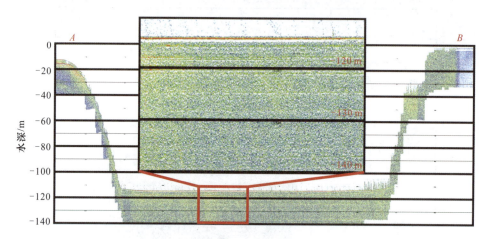

图 5.13　巴松措东部 *AB* 剖面地层扫描图

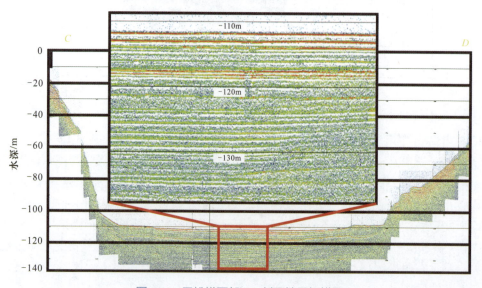

图 5.14　巴松措西部 *CD* 剖面地层扫描图

在测量巴松措水下地形和沉积物分布后，科考队员选取该湖的西湖盆沉积中心作为此次获取重力钻岩芯的最佳位置，打钻地点水深约 120 m，使用 2 套重力钻设备（直径分别为 60 mm 和 90 mm），经过多次尝试后，在最深处获取岩心不成功。分析可能原因为湖泊水深太大，重力钻的重量不够，水下存在湖底暗流，导致重力钻在湖底不能保持垂直。最后选择水深约 67 m 的位置，成功获取了一根重力钻岩心。

此外沿着巴松措东西方向六个位置，分别采集了水柱样品，同时测了湖泊透明度 [图 5.15（a）和图 5.15（b）]。调查发现巴松措的透明度较低，均只有 2 m 多，可能与流域内剧烈的冰川侵蚀作用带来的颗粒沉积较多有关，这与之前推测湖泊处于发育初期的认识一致。

图 5.15　巴松措调查工作
(a) 和 (b) 巴松措水样采集及透明度测试；(c) 巴松措水样处理；(d) 巴松措岩心分样

对巴松措水样在野外进行了预处理 [图 5.15(c)]。①将每一个水样保留 300 mL 带回实验室进行化学分析；②在野外利用直径为 47 mm 的 GF/F 滤膜过滤水样约 1500 mL，将 GF/F 滤膜冷冻保存，并记录准确的水样体积，带回实验室进行叶绿素浓度测定；③用经过马弗炉灼烧处理的直径为 47 mm 的 GF/F 滤膜过滤 2000 mL 水样，留膜记录体积，带回实验室测定悬浮颗粒物里有机 / 无机颗粒物浓度；④留下每个水样的 GF/F 滤后水 100 mL 左右，回实验室测定总氮、总磷，以及溶解性总氮、总磷；⑤使 GF/F 滤后水经过孔径为 0.2 μm 的滤膜，留滤后水测定溶解性有机碳（DOC）和有色可溶性有机物（CDOM）的吸收系数。根据水质分析样品最终能获取的数据有水体中的叶绿素 a 浓度、悬浮颗粒物浓度及吸收系数，滤后水主要测量指标有总氮（TN）、总磷（TP）、溶解性总氮（DTN）、溶解性总磷（DTP）、溶解性有机碳（DOC）和总化学需氧量（COD）。结果见表 5.1。

表 5.1 巴松措水质参数测量结果

参数	平均值	最大值	最小值
叶绿素 a 浓度 /(μg/L)	0.18±0.07	0.29	0.10
COD/(mg/L)	0.32±0.05	0.40	0.24
TN/(mg/L)	0.15±0.02	0.17	0.12
DTN/(mg/L)	0.13±0.02	0.16	0.11
颗粒态氮 /(mg/L)	0.02±0.02	0.05	0.00
TP/(mg/L)	0.01±0	0.02	0.01
DTP/(mg/L)	0.01±0	0.01	0.00
颗粒态磷 /(mg/L)	0.005±0	0.01	0.00
总悬浮物浓度 /(mg/L)	2.64±1.13	4.91	2.00
有机悬浮物浓度 /(mg/L)	0.45±0.15	0.74	0.34
无机悬浮物浓度 /(mg/L)	2.19±0.98	4.17	1.60
DOC/(mg/L)	0.58±0.09	0.73	0.47

对于巴松措重力钻岩心按分样间隔为 0.5 cm 进行分样 [图 5.15（d）]，待后续进行相关指标分析测试。

不同湖泊深度采集的巴松措水样测试得到的氢氧同位素值如表 5.2 所示，氢同位素值为 –110±0.3‰，氧同位素值为 –15.7±0.1‰，总体上，略微偏离区域降水同位素线，表明湖水主要由冰川融水补给，但是受到蒸发的影响。

表 5.2 巴松措水样氢氧同位素值

样品编号	δD/‰	标准差 δD/‰	$\delta^{18}O$/‰	标准差 $\delta^{18}O$/‰
18BS0	−111.59	0.25	−15.89	0.02
18BS10	−112.52	0.14	−15.96	0.04
18BS20	−112.06	0.37	−16.25	0.09
18BS30	−109.51	0.20	−15.80	0.11
18BS40	−107.67	0.31	−15.45	0.09
18BS60	−108.62	0.35	−15.35	0.12
18BS80	−109.13	0.31	−15.38	0.17
18BS100	−108.17	0.03	−15.61	0.08

2. 措木及日湖流域

措木及日湖又称"冰湖"，是一座古堰塞湖，位于雅鲁藏布江重要支流尼洋曲下游，湖面海拔 4088 m，长 3.3 km，最宽处 1 km，面积约 2.5 km²（图 5.16）。根据林芝市 1955 ～ 2017 年气象实测，林芝地区年均温 8.9 ℃，年均降水量 682 mm，夏季降水为主。措木及日景区景观带长 20 km，由于海拔的变迁，自下而上形成了灌木林、沙棘林、花海、竹海、冷云杉林海等不同海拔段生长的垂直植物布带。湖区以冷杉和金竹为主的原始森林保护完好。从山顶湖区往下到八一电厂之间，古冰川活动遗留下来的"U"形谷、终碛垄、侧碛堤等古冰川遗迹丰富。措木及日湖流域基岩为念青唐古拉花岗岩体，

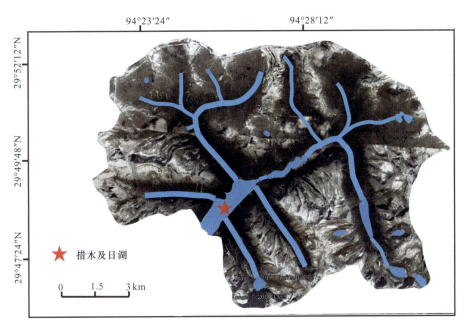

图 5.16　措木及日湖流域图

岩性为黑云二长花岗岩，形成于中新世（18 ～ 11 Ma），于 1998 年建设水库。

　　考察中利用测深仪对湖底地形进行测量（图 5.17），发现措木及日湖由东湖盆（水深 40 m）和西湖盆（水深 80 m）构成，两个湖盆深度差异较大，显示措木及日湖比巴松措发育时间较长。措木及日湖的沉积中心位于湖泊西南部，最深处深度约 80 m。浅层剖面仪沉积物扫描结果显示自湖水 – 沉积物界面向下 2 ～ 3 m 的范围有沉

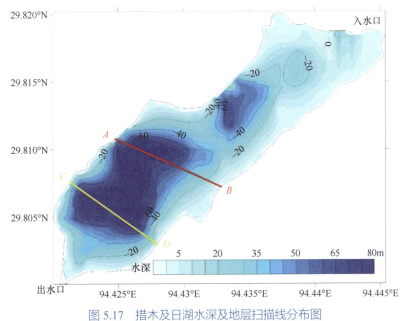

图 5.17　措木及日湖水深及地层扫描线分布图

积层，沉积速率较慢，再向下未显示清晰的沉积层（可能为检测信号太弱）（图 5.18 和图 5.19）。西湖盆沉积物较薄（2～3 m），可以尝试钻探，为后期在该湖获取重力钻和长岩心提供保障。

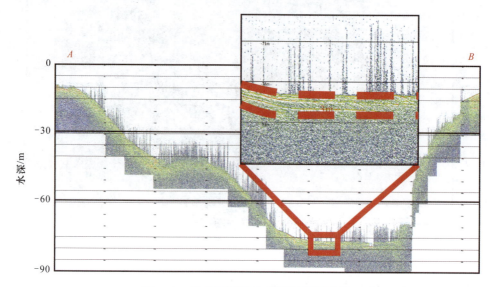

图 5.18　措木及日湖 *AB* 剖面地层扫描图

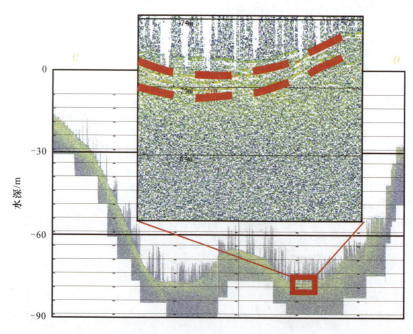

图 5.19　措木及日湖 *CD* 剖面地层扫描图

　　确定措木及日湖的水下地形后，科考队员选取该湖的沉积中心作为此次获取重力钻岩心的最佳位置，岩心采集点水深约 80 m。使用口径为 90 mm 的重力钻取样器，成功获取岩心 2 根。中国科学院南京地理与湖泊研究所的科考队员沿着措木及日湖长轴选取了 5 个点，分别采集了水样，同时测了湖泊透明度，结果见表 5.3。调查发现措木及日湖的透明度在 12 m 左右，远高于巴松措（透明度只有 2 m 左右），可能跟流域内现代冰川较弱有关。对湖泊水体不同深度水样进行氢氧同位素分析（表 5.4）发现，湖水氢同位素为 -102 ± 0.3‰，氧同位素为 -14.3 ± 0.1‰，略微偏离区域降水同位素线，指示湖水主要由冰川融水补给，但是受到蒸发影响。

表 5.3　措木及日湖水质参数测量结果

参数	平均值	最大值	最小值
叶绿素 a 浓度 / (μg/L)	0.60 ± 0.15	0.72	0.35
COD/(mg/L)	0.82 ± 0.11	0.95	0.71
TN/(mg/L)	0.18 ± 0.07	0.29	0.13
DTN/(mg/L)	0.11 ± 0.01	0.13	0.10
颗粒态氮 / (mg/L)	0.07 ± 0.07	0.20	0.02
TP/(mg/L)	0.02 ± 0	0.02	0.01
DTP/(mg/L)	0.01 ± 0	0.01	0.00
颗粒态磷 / (mg/L)	0.01 ± 0.01	0.02	0.01
总悬浮物浓度 / (mg/L)	—	—	—
有机悬浮物浓度 / (mg/L)	—	—	—
无机悬浮物浓度 / (mg/L)	—	—	—
DOC/ (mg/L)	0.98 ± 0.04	1.02	0.92

表 5.4　措木及日湖水样氢氧同位素值

样品编号	δD	标准差 δD	$\delta^{18}O$	标准差 $\delta^{18}O$
18CM00	−106.33	0.15	−14.83	0.07
18CM10	−105.76	0.17	−14.87	0.05
18CM20	−103.90	0.12	−14.61	0.06
18CM30	−99.96	0.17	−14.24	0.11
18CM40	−98.56	0.34	−14.09	0.21
18CM50	−99.60	0.26	−14.07	0.11
18CM60	−100.10	0.24	−14.14	0.10
18CM70	−100.09	0.40	−14.22	0.10

措木及日湖重力钻的 ^{210}Pb-^{137}Cs 年代学测试正在进行中。目前已完成了初步粒度分析及 XRF 元素和磁化率扫描，结果显示沉积物以粉砂级碎屑为主；以 24 cm 深度处为界，下部沉积物的粒度与各项元素指标均稳定，显示均匀稳定的物质输入，24 cm 深度以上各项指标变化动荡，粒度、Ti 含量、Ca/Ti（比值）与磁化率均呈现先减小再增大的趋势，Rb/Sr（比值）呈现相反的变化趋势（图 5.20）；表明碎屑物质输入量与风化作用强度呈反相变化，初步推测这可能与冰川作用有关，风化作用较弱的

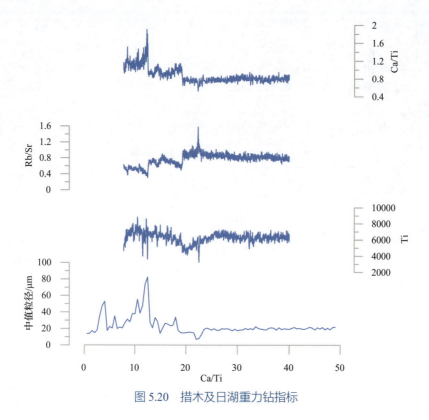

图 5.20　措木及日湖重力钻指标

冷期冰川推进为湖盆提供较多的碎屑物质。深度 13 cm 处粒度的突然增加可能对应于其相邻的昂错湖于 1950 年左右响应地震而发生的事件沉积作用（Wischnewski et al.，2011）。进一步的分析需要结合年代结果与有机指标等展开。

3. 然乌湖流域

然乌湖又称然乌错，是一个古堰塞湖，是西藏东部最大的湖泊，位于雅鲁藏布江重要支流帕隆藏布的源头（图 5.21），是一个过水湖泊。然乌湖湖面海拔 3850 m，长29.0 km，平均宽 0.76 km，面积 22.0 km²，湖体狭长，呈串珠状分布。然乌湖分上、中、下游三段，由三个梯级形湖泊相连组成。上湖深 26 m，中湖深 20 m，下湖深 16 m。然乌湖所在地区为冰川作用形成的冰川谷，其西南有岗日嘎布雪山，南有阿扎贡拉冰川，东北方向有伯舒拉岭，冰雪融水为其主要水源补给。该湖为在约 200 年前的山崩作用下形成的高原堰塞湖。

考察过程中沿路依次经过了然乌湖下、中、上游的三段湖泊，湖泊沿河谷呈狭长带状分布，流域内山地冰川发育，湖水较为浑浊，各段湖泊之间以湿地相连（图 5.22）。

考察然乌湖过程中分别选取三个湖盆沉积中心为取钻点，使用口径为 90 mm 的重力钻取样器在上、中、下游三段依次获取了 1 根、2 根、2 根岩心，每个湖盆均采集 2个表层水样。由于湖水浑浊，考察队测量了湖水透明度均为 0.2 m，这与然乌湖的水文

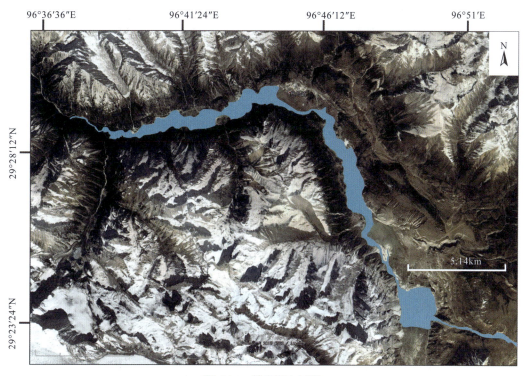

图 5.21　然乌湖水域图

图 5.22　然乌湖一隅

特征有关。

　　后续进行了岩心的分样（0.5 cm）及对表层水样进行了过滤等工作（图 5.23），结果见表 5.5。选取帕隆藏布上游（雅鲁藏布江下游地区）然乌湖，主要目的在于考察湖泊形成原因、湖底地形，湖泊内水质参数，如电导率、溶解氧、叶绿素 a、蓝绿藻、pH、氧化还原电位等的空间分布，湖泊水量和水体来源，并在此基础上分析与上游湖泊相关的差异。采集的湖芯钻孔和表土样品等用于（半）定量重建历史时期温度、降水、植被等变化。

图 5.23　然乌湖科考工作图

(a) 准备橡皮艇及采样设备；(b) 然乌湖重力钻岩心；(c) 然乌湖岩心分样；(d) 然乌湖表层水样过滤

表 5.5　然乌湖水质参数测量结果

参数	平均值	最大值	最小值
叶绿素 a 浓度 /(μg/L)	0.67±0.18	0.83	0.41
COD/ (mg/L)	0.36±0.16	0.63	0.24
TN/(mg/L)	0.23±0.03	0.27	0.19
DTN/(mg/L)	0.12±0.03	0.18	0.09
颗粒态氮 /(mg/L)	0.11±0.03	0.15	0.08
TP/(mg/L)	0.03±0.00	0.04	0.03
DTP/(mg/L)	0.003±0.00	0.01	0.00
颗粒态磷 /(mg/L)	0.03±0.00	0.04	0.03
总悬浮物浓度 /(mg/L)	45.25±11.52	59.03	31.63
有机悬浮物浓度 /(mg/L)	2.59±0.49	3.34	1.93
无机悬浮物浓度 /(mg/L)	42.66±11.05	55.69	29.70
DOC/ (mg/L)	0.65±0.48	1.58	0.30

5.2.2　人类活动的气候环境背景

　　人－环境相互作用一直是国际古气候学、考古学、人类学等多个学科共同关注的全球性重大科学问题。以"过去全球变化"（PAGES）为代表的古气候学界把认识过去人类－气候－生态系统在多时空尺度上的相互作用机制与过程作为其核心研究主题之一，以期以古鉴今，增强人类对当代气候变化影响与人类社会适应的理解。2013 年启动的"Future Earth"计划也将 PAGES 列为其重要研究领域之一。考古学界也认为人－环境相互作用研究有助于揭示区域文化和社会转变的动因，并将对这一相互作用的研究提升至未来 25 年考古学五大挑战性的科学问题之一（Kintigh et al.，2014），在考古界中引起了热议。

　　历史学界、人类学界、社会学界一直认为气候环境变化应该是一个稳定变化的常量，影响人类社会发展的重要因素更主要是资源、战乱、经济等因素（Tainter，1988）。Tainter 的《复杂社会的崩溃》一书在这方面具有深远影响。但是气候环境变化对人类生产活动产生重要的影响，如干旱或洪涝均可严重影响农业生产，乃至社会稳定，这在科学技术并不发达的人类社会初期更为显著。因此，自 20 世纪初开始，就有学者指出气候环境变化可能会促进人类社会进程，使其加速繁荣或者加剧衰退。例如，埃尔斯沃思·亨廷顿（Ellsworth Huntington）通过对中亚、西亚等地考察，认为"历史事件和气候变化时间的紧密联系超乎所有人的想象。以往诸多民族的兴亡，都与气候条件的优劣呈正向相关"（Huntington，1913）。此后，休伯特·兰姆（Hubert Lamb）对气候与历史的关系展开进一步论述，并分别于 1972 和 1982 年发表了代表其观点的重要著作"Climate：Present，Past and Future"（气候：现在、过去与未来）（Lamb，1977）、"Climate，History and the Modern World"（气候、历史与近代社会）（Lamb，1982）。虽然休伯特·兰姆收集了大量的放射线碳数据，并结合了地层分析等方法，比埃尔斯沃思·亨廷顿的猜想更具有科学基础，但是在当时被认为是环境决定论（environmental determinism）、气候决定论（climatic determinism）或地理决定论（geographic determinism）。

　　近年来，随着定年技术进步，古气候学研究也获得了测年准确、分辨率高的气候变化记录，同时古文化和社会转变的年代也得到准确的厘定，越来越多的研究者发现气候变化事件与人类文明进程变迁之间在时间上存在明显的一致性，说明二者之间可能存在一定的因果关系。例如，距今 4.2 ka 的冷事件与欧亚大陆多个地区，如尼罗河流域的埃及、两河流域的美索不达米亚、印度河流域的印度等古文明的衰落（Weiss，1993；DeMenocal，2001）时间一致，研究者认为可能是此次全球性变冷事件导致这些古文明的衰落。中美洲地区曾经非常辉煌的丛林文明——玛雅文明崩溃原因在考古学界和历史学界一直备受争议，过去气候环境变化研究表明公元 850 年左右发生了长达数十年的大旱灾，这可能导致了其崩溃（Hodell et al.，1995；Haug et al，2003；Kennett and Beach，2013）。中国朝代更替可能也与气候环境变化，如季风强度变化相关（Zhang et al.，2006，2008；Yancheva et al.，2007），但这些研究也遭到了另一些学者的质疑（张德二，2010；Zhang and Lu，2007）。引起这种争议的主要原因之一是古气候替代性指标的气候指示意义不明确，如 Zhang 等（2008）所采用的石笋氧同位素（$\delta^{18}O$）指示的气候意义在古气候学界就颇具争议，遑论其应用于讨论气候变化对人类文明进程、朝代更替等问题的影响。因此在进行类似研究时对气候环境变化记录的要求不仅是准确的年龄控制和高分辨率，更需要具有明确气候指示意义的指标，如定量的温度变化和降水变化指标等。另外，目前对气候环境变化记录与人类文明进程关系的研究最重要的是证据事件发生时间的一致性，而缺乏对其中间环节，如气候变化如何影响农牧业、经济、人口、地缘政治等社会因素的进一步讨论，易于陷入环境决定论，进而降低了这些研究的说服力（Guedes et al.，2016）。近年来，为弥补这一缺失，有学者利用生态 – 文化位模型（Eco-cultural Niche Modeling）（Bocinsky and Kohler，2014）和作物生理模型［如生长度日（growing-degree-days）］（Guedes，2016）建立气候变化与农业生产之间的关系，进而充实这一中间环节，为深入理解气候变化对人类社会发展的影响提供了基础。

青藏高原平均海拔超过 4000m，是全球变化的敏感区，并且影响着区域乃至全球的水热分布状况（Harris，2006）。在全球急剧变化的气候背景下，青藏高原总体上在过去几十年间温度持续快速升高（Kuang and Jiao，2016），过去 50 年间其温度变化约为全球温度变化的两倍，是受气候影响非常敏感的区域。青藏高原东南部地区地形起伏变化大，高山垂直气候分布明显，是典型的印度夏季风区（An et al.，2015），气候要素在空间分布上差异明显（Li et al.，2017），区域气候变化对区内生态环境保护、经济发展及社会稳定都有重要影响。因此对青藏高原东南部地区过去气候变化的研究具有十分重要的理论和现实意义。而全新世是地质时代的最新阶段，与人类的关系最为密切。流域内的土壤发育、风化和植被等过程受到温度和降水变化的影响，直接或间接影响湖泊生态系统（Lamb et al.，1995）；相应地，通过对区域内湖泊沉积物等载体的研究可以反映过去温度、降水和植被等信息，反映青藏高原东南部地区气候变化历史（Lamb et al.，1995；Fritz and Anderson，2013；Wang et al.，2017）。

藏东南地区受印度季风影响，气候环境变化主要受控于夏季太阳辐射，因此这一地区气候变化总体上呈现早全新世暖湿、中晚全新世趋于冷干的现象。但是受区域内复杂的地势地形条件、测年结果的可靠性等因素的影响，区域内气候变化存在一定程度上不一致的复杂现象，而正是这一复杂性使得这一地区成为史前人类理想的栖息地。藏东南地区分布了多种气候变化介质，如湖泊、冰川和树轮在本区域内广泛分布，前人对青藏高原这一地区的湖泊沉积物、树轮、冰芯及孢粉等进行了大量的研究，并获得了很多高质量的气候和环境变化记录（图 5.24 显示了本书所引用的记录）。

藏东南地区全新世气候变化主要受印度季风强度影响。例如，Bird（2014）等在帕如错（29.80°N，92.35°E）重建的叶蜡化合物氢同位素记录可以反映降水同位素记录，后者是印度季风降水的良好指标，总体上反映这一地区受到印度季风强度变化的影响，在 11.7 ~ 6ka，氢同位素偏负指示降水较多，而 6 ka 以来氢同位素偏重，指示降水有

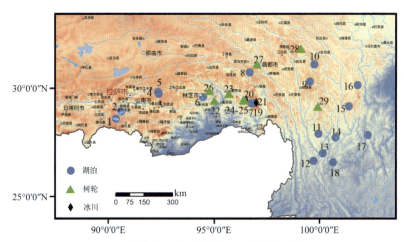

图 5.24　青藏高原东南部地区现有气候环境记录

1. 普莫雍错（Lü et al.，2011；Su et al.，2013；Wang et al.，2016；王君波等，2009）；2. 沉错（Zhu et al.，2008）；3.Nirpa Co（Bird et al.，2016）；4. 海登湖（唐领余等，1999b）；5. 帕如错（Bird et al.，2014）；6. 巴松措（Li et al.，2016a，2017）；7. 然乌湖（鞠建廷等，2015；Zhang et al.，2015）；8. 仁错（唐领余等，1999b）；9. 伊顿湖（Shen et al.，2006）；10. 拉龙错（Kramer et al.，2010）；11. 蜀都湖（Jones et al.，2012）；12. 天才湖（Zhang et al.，2017b）；13. 文海湖（Yao et al.，2015）；14. 泸沽湖（Sheng et al.，2015；Wang et al.，2017）；15. 伍须海（Zhang et al.，2016）；16. 木格措（Hu et al.，2015b）；17. 琼海（Chen et al.，2015b）；18. 澄海湖（Li et al.，2015；Sun et al.，2017）；19. 来古湖（Huang et al.，2016）；20 ～ 21. 冰川（Xu et al.，2012a；Yang et al.，2013）；22. 树轮（Liang et al.，2009）；23. 树轮（Zhu et al.，2013）；24. 树轮（Liu et al.，2013）；25. 树轮（Wernicke et al.，2017）；26. 树轮（Zhu et al.，2011）；27. 树轮（Grießinger et al.，2017）；28. 树轮（Wernicke et al.，2015）；29. 树轮（Gou et al.，2013）

减少趋势（Bird et al.，2014）。位于青藏高原边缘地区的天才湖（26.63°N，99.72°E）摇蚊组合反映的夏季温度记录显示出其与季风强度存在一致的变化，在早中全新世偏暖，而晚全新世以来由于季风强度减弱，这一地区存在变冷趋势。

随着气候变化，这一地区的植被在总体上也呈现一致变化，即早中全新世以木本植物为主，而在晚全新世则以草本植物为主，如在全新世初始阶段 11.7 ka 左右，海登湖（29.81°N，92.37°E）、仁错（30.73°N，96.69°E）等湖泊的孢粉记录显示这一地区植被组合以草本植物为主，包括蒿属（*Artemisia*）和莎草科（Cyperaceae）（唐领余等，1999b，2004）。拉龙错（31.10°N，99.75°E）区域高山草甸植被占据明显优势，花粉以莎草科（Cyperaceae）和草本（*Herbaceous*）花粉为主，如紫菀型（*Aster*-type）花粉、石竹科（Caryophyllaceae）花粉、马蹄草型（*Caltha*-type）和蓼属拳参型（*Polygonum bistorta*-tpye）（Kramer et al.，2010）。总体上这一区域受到全新世初期寒冷干燥的气候条件限制，草本植物发育（11.7 ～ 10.7 cal ka BP）旺盛。

在早全新世，北半球夏季太阳辐射增强，印度季风变强，为藏东南地区带来了较多的降水，同时温度升高，使得这一地区相对温暖湿润，因此植被也出现相应的变化。例如，拉龙错湖芯孢粉记录 PCA-1 样本得分表明相对温暖湿润的气候条件［图 5.25（h）］，桦树花粉的显著增加表明林木线的强烈向上移动和温度的升高（Kramer et al.，2009，2010）。Zhang 等（2016）在四川西部伍须湖［29.12°N，101.43°E，图 5.25（d）］

与 Wang 等（2017）在泸沽湖（27.70°N，100.78°E）也发现类似的植被变化，表明早全新世季风增强是区域现象。

在中全新世（9 ～ 5ka），藏东南地区经历了一段持续的暖湿时期，与全新世大暖期一致（Zhu et al.，2008；刘光秀等，1997），表明中全新世季风影响强烈，与北半球增加的夏季太阳辐射有关（Magny et al.，2002）。许多记录也表明早中全新世温暖湿润期是湖泊最深的时期（Bird et al.，2014；Morrill et al.，2006）。各个湖泊的花粉记录显示这一地区木本植物在全新世出现峰值。例如，伍须海（Zhang et al.，2016）、海登湖（唐领余等，2004）、沉错（Lu et al.，2011）、拉龙错（Kramer et al.，2010）、泸沽湖（Wang et al.，2017）等。

晚全新世以来，太阳辐射减弱，季风强度同步衰减，藏东南区域内一系列的记录均表明该地区气候由早中全新世温暖湿润逐渐向寒冷干旱转变（Bird et al.，2014；Kramer et al.，2010；Zhang et al.，2017b，2016）（图 5.25）。相应地，桦树、针叶树等植被开始消退，向草原植被发育，直至草原植被占据主导地位（Zhang et al.，2016）。而图 5.25（a）～图 5.25（d）重建的记录均表明藏东南地区在 3.0 cal ka BP 前后降雨量略有增加，气候略显湿润（Bird et al.，2014；Huang et al.，2016；Zhang et al.，2016）。

虽然藏东南地区全新世气候环境总体上出现一致变化，但这一地区地形地势复杂，导致部分地区的气候环境变化在总体变化趋势上出现流域范围间差异，这对古人类的生存至关重要。例如，拉龙错在 8ka 左右出现持续 1000 年左右的高山草甸扩张趋势，反映流域内出现干旱状况可能与冰川消融变化有关 [图 5.25（h）]；四川西部的伍须湖在中全新世也出现类似的植被变化，但是发生时间略有不同。

过去 1000 年可以反映气候变化的记录增多。青藏高原东南部地区植被发育，所以许多学者采集树轮重建过去千年区域气候变化（Grießinger et al.，2011；Zhu et al.，2011；Shi et al.，2012；Liu et al.，2013；Zhu et al.，2013；Liu et al.，2014；Wernicke et al.，2015；Liang et al.，2016；Wernicke et al.，2017）。利用树轮重建的过去约 800 cal a BP 以来的温度和降水变化总体趋势一致 [图 5.26（a）～图 5.26（d）]。长期的空气湿度记录表明，在中世纪暖期（MWP）气候最为湿润 [图 5.26（d）]（Wernicke et al.，2015），小冰期（LIA）湿度较低且相对稳定，为季风活动减少的阶段，最明显的相对湿度下降始于 19 世纪中期，即现代暖期（CWP：100 cal a BP 至今）。这与东南部其他区域重建的结果一致（Shi et al.，2012；Liu et al.，2013，2014；Wernicke et al.，2015，2017）。Zhu 等（2011）利用树轮重建 565 cal a BP 以来的夏季温度变化显示，565 ～ 500 cal a BP 温度比较低，500 ～ 450 cal a BP 温度变暖，370 ～ 100 cal a BP 温度明显降低，其中 365 ～ 266 cal a BP 是其中最冷的百年。200 cal a BP 之后温度呈现持续升高的趋势。整个 20 世纪的温度要明显高于其他阶段，该重建结果与 Liang 等（2009）重建的林芝地区温度趋势一致。图 5.26 中树轮重建结果存在微弱的偏差，很有可能是不同地理特征的局部影响或重建的季节性差异导致的。

高分辨率的湖泊沉积物记录也可以反映过去 1000 年气候变化。巴松措湖泊沉积物孢粉记录表明，867 ～ 750 cal a BP 植被密集，相对于灌木和草本植物，乔木在植被中的

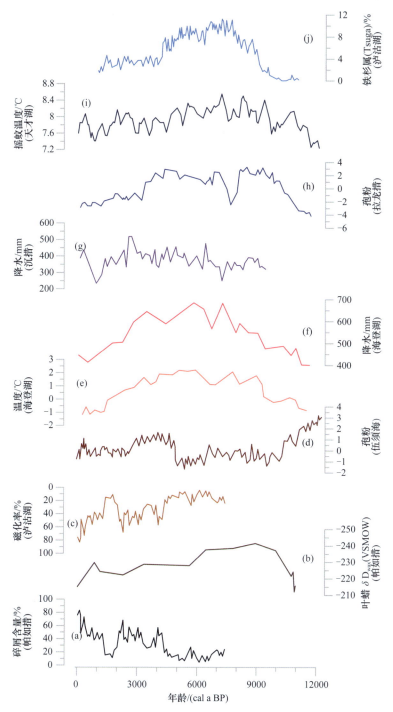

图 5.25　青藏高原东南部地区全新世以来气候变化记录

(a) 帕如错碎屑含量记录（Bird et al., 2014）；(b) 帕如错叶蜡 δD_{wax} 记录（Bird et al., 2014）；(c) 泸沽湖磁化率记录（Huang et al., 2016）；(d) 伍须海孢粉 PCA2 指示降水记录（Zhang et al., 2016）；(e) 和 (f) 海登湖孢粉重建古温度、古降水记录（唐领余等，2004）；(g) 沉措重建古降水记录（Lu et al., 2011）；(h) 拉龙措孢粉记录（Kramer et al., 2010）；(i) 天才湖摇蚊记录（Zhang et al., 2017b）；(j) 泸沽湖铁杉属记录（Wang et al., 2017）

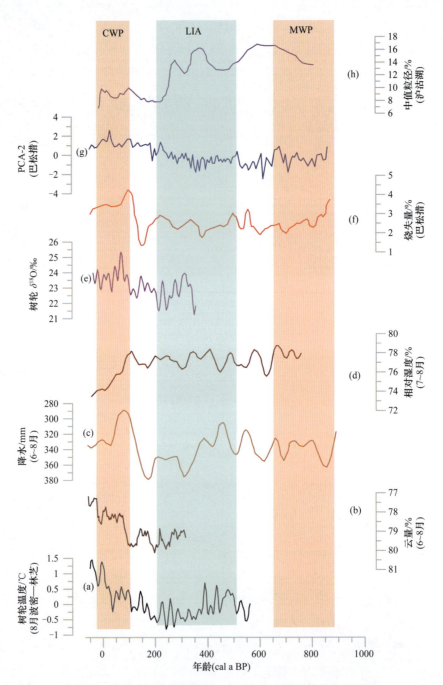

图 5.26 青藏高原东南部地区 1.0 cal ka BP 以来气候变化记录

（a）波密－林芝地区树轮 8 月重建温度记录（Zhu et al.，2011）；（b）6～8 月云量重建记录（Liu et al.，2014）；（c）米美地区 6～8 月降水记录（Wernicke et al.，2017）；（d）新路海地区 7～8 月相对湿度重建记录（Wernicke et al.，2015）；（e）树轮 $\delta^{18}O$ 记录（Liu et al.，2013）；（f）巴松措烧失量记录（Li et al.，2016a）；（g）巴松措记录中 PCA-2 指示降水信息（Li et al.，2017）；（h）泸沽湖中值粒度记录（Wang et al.，2017）

比例高达 74.0%，指示了中世纪温暖湿润的气候特征 (Li et al.，2017)；到 750 cal a BP 乔木花粉的相对含量降低，云杉属（*Picea*）、冷杉属（*Abies*）显著减少，而沙棘属（*Hippophae*）等灌木和草本植物扩张，植被面积缩小，气候条件趋于干冷；直至 100 cal a BP，草本比例达到最大，这些变化表明巴松措区域内林线降低、持续寒冷的气候条件。100 cal a BP 以来松属（*Pinus*）、云杉属（*Picea*）、冷杉属（*Abies*）、杉科 (Taxodiaceae) 等普遍增多，沙棘属（*Hippophae*）、紫菀属（*Aster*）、蔷薇科 (Rosaceae) 减少，指示巴松措附近亚高山针叶林扩张。这些植被变化表明在 LIA 之后气候逐渐变暖，这也与当前北半球暖期气候特征一致。总体是在 750 ~ 330 cal a BP 印度夏季风较弱导致巴松措区域处于干冷的气候条件 [图 5.26(f) 和图 5.26(g)]；而在 17 世纪中期之后季风强度增大，湿度增加 (Li et al.，2017)。而在泸沽湖 783 ~ 217 cal a BP 阶段沉积物粒度显著高于平均值 [图 5.26(h)]，代表了强降雨量和地表径流，指示该时期湿润的气候条件；217 cal a BP 之后粒度变细（图 5.26），表明泸沽湖地区气候开始趋于干旱，降雨量少 (Sheng et al.，2015)。在百年的时间尺度上，利用泸沽湖粒度重建的记录在 1200 ~ 783 cal a BP 干旱期，对应于北半球的中世纪暖期（1150 ~ 650 cal a BP）。783 ~ 217 cal a BP 相对湿润的气候与小冰期（550 ~ 100 cal a BP）相对应。在其他的记录中也发现了这种反相的关系 (Grießinger et al.，2011)。不同区域夏季水文气候重建表现出一定的局部性，这可能是由于不同印度夏季风分支影响局域的时空条件变化或者受季风局部环流影响。

藏东南地区全新世气候变化总体上受夏季太阳辐射控制的印度季风影响，在早中全新世相对暖湿，中全新世暖期明显，而在晚全新世相对冷干。但是不同地区由于地形地势的影响，有些地区出现不同步变化；19 世纪中期以来青藏高原南部呈现显著变干的趋势。

5.3　古人类的可利用植物资源

5.3.1　科考概况

植物资源调查主要沿科考路线开展，涵盖拉萨市和山南市周边、林芝—波密沿线和墨脱县。尽管植物资源调查主要局限于科考路线，但调查范围能够囊括藏东南雅鲁藏布江下游地区主要植被类型和土地利用类型，包括拉萨市和山南市的高寒草甸（米拉山口以西）、林芝—波密沿线的山地针阔混交林（主要乔木包括高山栎、松、云杉、冷杉和落叶松）和墨脱县的热带季雨林，调查结果能够代表当地整体的植被状况。主要目标是调查藏东南可利用植物资源种类和分布情况，厘清其与人类活动遗址的联系；组建常见植物孢粉、淀粉粒和植硅石形态库，为分析过去植被变化和人类活动提供参照。

植物资源调查的主要内容是可利用植物资源物种调查和标本采集，孢粉、淀粉粒和植硅石标本采集，土壤和苔藓样品采集，共采集植物标本 149 个，花和孢子囊标本 75 个，可利用植物标本 34 个，表层土壤和苔藓样品各 77 个（图 5.27），剖面土壤样品 58 个。

总体上看，以拉萨市和山南市为代表的高寒草甸区可利用植物资源匮乏，林芝—波密沿线的山地针阔混交林带可利用植物资源较丰富，而墨脱县可利用资源最为丰富。

图 5.27　表层土壤样品空间分布图，其分布展现植被调查的主要区域

5.3.2　拉萨 – 山南高寒草甸区

该区地处高寒草甸区，只有河谷地带分布有少量乔木和灌木，主要包括杨属、柳属、小檗属和蔷薇科灌木种类等。该区植物资源调查发现人类可直接利用资源匮乏，并未发现现代农作物或经济作物的野生种分布。土地利用类型主要是牧场（主要养殖牛、羊），在河谷阶地和滩地上分布有小面积农田，主要种植青稞、小麦、玉米、荞麦（*Fagopyrum esculentum*）、油菜（*Brassica napus*）等。

高寒草甸植物资源匮乏（图 5.28），人类植物资源和土地利用形式以畜牧业为主，种植业只出现在河流阶地和河滩。孢粉资料显示末次盛冰期以来当地植被以莎草科和禾本科为主，尽管其丰度存在时间上的波动，但所反映的植被类型一直是高寒草甸（Cao et al.，2013）。我们推断当地古人类生业模式应主要是畜牧业，农业起步应该比较晚，且农作物应该是外源传播而来。

5.3.3　林芝 – 波密山地针阔混交林区

由林拉高速向东翻越米拉山口，随海拔逐渐降低，水热条件逐渐变好，植被由高寒草甸逐步过渡为高山灌丛、高山灌丛夹杂高山柏（*Juniperus squamata*），再到林芝市附近的云杉（*Picea asperata*）、高山栎混交林，再向东翻越色季拉山口，森林种类更加

图 5.28　山南琼结藏王墓附近植被面貌

丰富，物种多样性也随之升高。本区植被垂直分布特征明显（图 5.29），色季拉山尼洋河一侧，海拔 3000m 的尼洋河谷地带主要是干旱小檗、白莲蒿（*Artemisia sacrorum*）灌丛；往上至海拔 3500m 地带主要是落叶松（*Larix gmelinii*）、西藏云杉（*Picea spinulosa*）林；海拔 3500～4000m 则是云杉和冷杉（*Abies fabri*）林为主的针叶林；海拔 4000m 以上是雪层杜鹃灌丛。而色季拉山鲁朗一侧，海拔 3000m 左右鲁朗河谷是川滇高山栎（*Quercus aquifolioides*）林；海拔 3000～4000m 是云杉、冷杉混交林；4000m 以上是雪层杜鹃（*Rhododendron nivale*）灌丛。该区林下分布有丰富的灌木和草本可利用物种，包括欧洲蕨（*Pteridium aquilinum*）、七叶鬼灯檠（*Rodgersia aesculifolia*）、长鞭红景天（*Rhodiola fastigiata*）、峨眉蔷薇（*Rosa omeiensis*）、腺果大叶蔷薇（*Rosa macrophylla* var. *glandulifera*）、山荆子（*Malus baccata*）、山野豌豆（*Vicia amoena*）、独行菜（*Lepidium apetalum*）、野棉花（*Anemone vitifolia*）、小叶栒子（*Cotoneaster microphyllus*）、沙棘（*Hippophae rhamnoides*）等。

　　该区可利用资源丰富，可满足人类薪柴、建材、食用、药用和衣着等方面需要，当前仍能看到砍伐薪柴的现象，如科考队在林芝市派镇格嘎村附近雅鲁藏布江峡谷内考察时，发现在江右岸山坡的高山栎林中有当地居民砍伐高山栎做越冬薪柴。林地被砍伐后，群落被灌丛代替，主要包括小檗、扁刺蔷薇等（图 5.30）。可食用植物资源从尼洋河到色季拉山至鲁朗一带主要是水果资源，包括峨眉蔷薇、腺果大叶蔷薇、山荆子和沙棘等。这些植物资源现今被当地民众当作野果采集食用，沙棘也可酿酒。此外，还有其他淀粉类植物资源，如分布广泛的川滇高山栎，果实可作为淀粉的重要资源来源。在通麦县至波密县的帕隆藏布河谷地带，水果资源主要是小叶栒子，在该区域分布极其广泛，资源量大，除此之外还有变叶海棠等水果。淀粉类资源则主要有蕨、七叶鬼灯檠和川滇高山栎。其中蕨的资源量巨大，现今也被多地民众作为淀粉和蔬菜植物。

　　鉴于该地区丰富的可利用植物资源，我们可以断定早期人类活动生业模式应该以采集和狩猎为主，种植业发展可能会被抑制。科考途中也发现该地区农田亦被局限在

图 5.29　林芝市鲁朗镇附近山地植被垂直带分布

图 5.30　林芝市派镇格嘎村附近雅鲁藏布江南坡高山栎林带薪柴砍伐对植被的影响

河流阶地等狭小地带（图 5.31），同时日照情况也可能会影响种植业的分布。例如，波密县城附近帕隆藏布江左（北）岸山地植被存在明显植被垂直梯度，云南松（*Pinus yunnanensis*）+高山栎混交林为主，林下有川滇小檗（*Berberis jamesiana*）、小叶枸子、长瓣瑞香（*Daphne longilobata*）等灌丛，也发现有蕨和瓦韦（*Lepisorus thunbergianus*）等蕨类；而位于帕隆藏布江右（北）侧的波堆藏布江北岸山地植被明显不同于帕隆藏布江河谷，河谷低地生长有光核桃（*Amygdalus mira*）（乔木）等耐旱草本，也分布有农田（主要种植小麦），山地较低海拔处存在较纯的川滇小檗，较高海拔主要以耐旱的川滇高山栎为主。此处气候条件明显较一山之隔的帕隆藏布干旱，可能由山体阻挡南方暖湿气候北进所致。本科考分队在倾多镇发现多处人类活动遗址，而在帕隆藏布江河谷内未发现遗迹分布，可能代表早期人类更趋向于在日照条件较好的环境定居。

图 5.31　一山之隔的波密县城和倾多镇存在显著差异的植被

(a) 和 (b) 倾多镇暗红色的为以小檗为主的灌丛，暗绿色的是高山栎林；(c) 波密县城北侧山坡绿色的
为松林，上部黄色的为落叶松林

5.3.4　墨脱热带季雨林区

　　嘎隆拉山垂直带较色季拉山更为完整，特别是墨脱一侧的南坡。在波密侧，海拔 3000m 附近为云南松林，往上至 3500m 左右为冷杉、云杉林，再往上至 3700m 为糙皮桦（*Betula utilis*）林。在墨脱侧，3700m 以上为糙皮桦林及杜鹃灌丛，3200～3700m 为冷杉、云杉林，2800～3200m 为尼泊尔桤木（*Alnus nepalensis*）、云杉、壳斗科混交林。1600～2800m 为常绿落叶阔叶混交林，1600m 以下多为常绿林及野蕉（*Musa balbisiana*）竹类混交林。

　　巨大的落差和湿热的气候条件使得墨脱周边拥有丰富的可利用植物资源，包括淀粉类资源、水果和蔬菜等。墨脱谷地水果资源主要是野蕉，在低海拔河谷分布广泛，因为单株产量高，资源量巨大，另外野蕉也是重要的淀粉来源。根茎类淀粉资源植物种类较多，包括芋（*Colocasia esculenta*）、黄独（*Dioscorea bulbifera*）、薯蓣（*Dioscorea opposita*）、白桫椤（*Sphaeropteris brunoniana*）等，淀粉产量高。此外，非森林覆被的较平坦地带可能分布有被古人类利用的野生物种，如在墨脱县城郊外的林缘草地，发现人类可利用植物为革命菜、金荞麦（*Fagopyrum dibotrys*）、线纹香茶菜（*Rabdosia lophanthoides*）等；亚东村北侧田埂、路边分布有荞麦（*Fagopyrum esculentum*）、薏苡（*Coix lacryma-jobi*）、穇子（*Eleusine coracana*）等可食用或利用植物。

高山深谷的地貌特征导致可耕作区域狭小，主要分布在墨脱南部地势稍平缓的地带，如背崩乡德尔贡村。德尔贡村位于雅鲁藏布江一条一级支流的河谷内，河谷较宽，土地较为平整，较适宜耕作，主要种植的农作物有玉米，也包括青稞和其他农作物。结合墨脱地貌、植被和气候条件，我们推断古人类生业模式应以采集和狩猎为主，养殖次之。

5.3.5 植物标本处理结果

野外考察结束后，我们采集到了 75 个花和孢子囊标本以及 34 个可利用植物标本，获取现代植物孢粉和淀粉粒标本，并对标本进行了测量和拍照，结合夏季采集的藏东高寒草甸常见植物花粉标本，已经初步形成了藏东南常见植物现代孢粉、淀粉粒和植硅石形态库（图 5.32），为精准研究过去人类土地利用模式提供重要参考。例

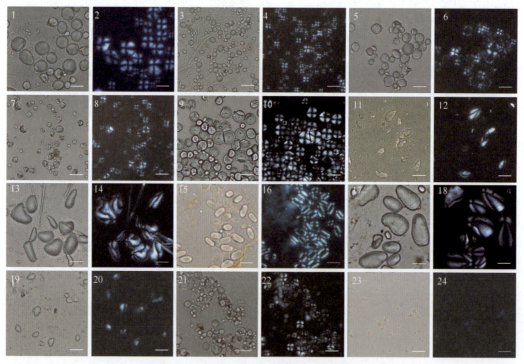

图 5.32 藏东南常见现代植物淀粉粒图版

1. 蕨（*Pteridium aquilinum* var. *latiusculum*）（单偏光）；2. 蕨（正交光）；3. 短刺锥（*Castanopsis echidnocarpa*）（单偏光）；4. 短刺锥（正交光）；5. 石斛（*Dendrobium nobile*）（单偏光）；6. 石斛（正交光）；7. 穇子（*Eleusine coracana*）（单偏光）；8. 穇子（正交光）；9. 手参（*Gymnadenia conopsea*）（单偏光）；10. 手参（正交光）；11. 野蕉（*Musa balbisiana*）（单偏光）；12. 野蕉（正交光）；13. 七叶鬼灯檠（*Rodgersia aesculifolia*）（单偏光）；14. 七叶鬼灯檠（正交光）；15. 白桫椤（*Sphaeropteris brunoniana*）（单偏光）；16. 白桫椤（正交光）；17. 黄独（*Dioscorea bulbifera*）（单偏光）；18. 黄独（正交光）；19. 姜花（*Hedychium coronarium*）（单偏光）；20. 姜花（正交光）；21. 葛（*Pueraria lobata*）（单偏光）；22. 葛（正交光）；23. 波密黄耆（*Astragalus bomiensis*）（单偏光）；24. 波密黄耆（正交光）（图中比例尺均为 20μm）

如，我们对 5 种禾本科植物，菅（*Themeda villosa*）、薏、芦竹（*Arundo donax*）、白草（*Pennisetum centrasiaticum*）、紫穗披碱草（*Elymus purpurascens*）的现代花粉粒进行了测量，每种花粉测量 100 粒；然后计算其花粉粒径平均值和标准差。结果显示，伴人植物菅（49.8±4.1μm）和薏（60.5±5.8μm）花粉颗粒明显大于另外三种非伴人植物（芦竹：34.3±1.4μm；白草：31.6±2.5μm；青紫披碱草：38.5±3.7μm；图 5.33）。此项发现可以在过去样品孢粉鉴定时用于区分伴人禾本科植物。

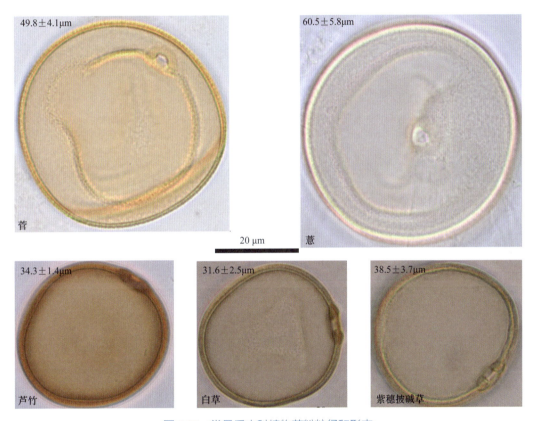

图 5.33　常见禾本科植物花粉粒径和形态

第6章

藏东南人类活动历史与生存环境

6.1 藏东南人类活动历史重建

6.1.1 雅鲁藏布江流域中下游人类活动历史

我们对拉萨河谷的曲贡、昌果沟、加日塘、曲隆、邦乌、德庆 6 个人类活动遗迹地点所采集的 220L 文化层土样进行了浮选，获得大麦/小麦、果壳、木炭等植物残体进行 AMS ^{14}C 年代测试；对林芝地区加拉马、都普、巴果绕、泥池村、林芝村、立定、卡定、阿岗绒、古乡 9 个人类活动遗迹地点 304L 文化层土样进行了浮选，获得农作物、果壳和杂草炭化种子进行 AMS ^{14}C 年代测试。送测 49 个样品，6 个因为送样量太少没有获得结果。年代分布如图 6.1 所示。

年代测试结果反映了人类进入雅鲁藏布江流域的时间，主要是从全新世中晚期开始。3500 ～ 3000a BP、2500a BP 前后，以及 1500 ～ 1300a BP 是人类进入雅鲁藏布江流域的几个集中时段。

在 11 个人类活动遗迹地点获得了农作物遗存的炭化种子（表 6.1），包括大麦、小麦、青稞、粟、豌豆，以及这一时期在内地一些考古遗址里大量出现的藜（*Chenopodium album* L.），以及不能进一步鉴定的食用豆类和早熟禾亚科种子。

初步提取了 7 个人类活动遗迹点的植硅体，实验结果对浮选结果做了更多的补充（图 6.2）。在立定遗址，发现不仅有粟，还有黍；曲贡遗址不仅有麦作，还有粟和黍组成的粟作。立定遗址的大麦炭化种子，是迄今为止在西藏地区发现的最早的大麦遗存；曲贡遗址和立定遗址的黍，则是迄今为止在西藏地区第一次发现。

这些农作物遗存反映出在雅鲁藏布江流域，农业出现在 3500 ～ 3000a BP。早期为粟麦混作的农业模式，以林芝立定遗址、拉萨曲贡遗址和贡嘎昌果沟遗址为代表。到了距今 3000 年以后，粟作消失，大麦和小麦成为雅鲁藏布江流域的主要农作物（图 6.3）。

曲贡遗址曾出土牦牛、藏绵羊骨骼，在林芝的多个遗址中则出现了山羊（图 6.4）。农业和牧业一直是人类在雅鲁藏布江并行的两种生计模式。

小麦和大麦最早在前陶新石器时代 B 期（PPNB，10.5 ～ 9.05ka BP）驯化于西亚地区，随后向四周传播，于 5000 ～ 4000 a BP 到达新疆和河西走廊一带（Liu et al.，2019）；粟和黍则在中国北方被驯化（Lu et al.，2009；Yang et al.，2012；Zhao，2011），以这两种农作物为主的粟作农业孕育了史前中国发达的农业文明及中华文明。伴随着麦作农业进入中国境内的还有山羊、绵羊和牛。

最早被引进到青藏高原的农业是粟作农业，目前已形成共识。5000 年前，粟作农业从四川西部或甘青地区传播到高原东部海拔 3100m 的昌都市卡若区，3000 ～ 3400a BP 出现在海拔 3700m 的贡嘎昌果沟遗址。我们的科考结果发现，在 3600a BP，在林芝的立定遗址也发现有粟和黍，在不到 2000 年的时间里，粟作农业从昌都卡若传播到林芝市和拉萨市周边。

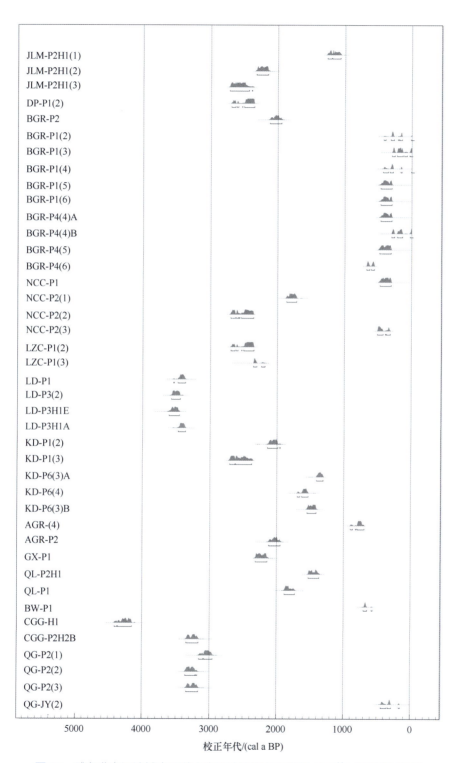

图 6.1　雅鲁藏布江流域中下游人类活动遗迹点文化层 AMS^{14}C 年代测试结果

表 6.1 浮选初步结果

遗址名称	出土单位	土量 /L	采集日期	测年材料
曲贡遗址	剖面 2 ①	8.5	2018.10.29	木炭
曲贡遗址	剖面 2 ②	7	2018.10.29	麦残块
曲贡遗址	剖面 2 ③	10	2018.10.29	麦残块
曲贡遗址	遗址 I 区西北部剖面 ②	18.5	2018.10.31	麦残块，小麦
曲贡遗址	剖面 4 灰土层	15	2018.10.31	骨骼
昌果沟遗址	H1	12	2018.10.31	果壳
昌果沟遗址	H1	9	2018.10.31	
昌果沟遗址	P2H2	32	2018.10.31	果壳
昌果沟遗址	P2H2	8	2018.10.31	
昌果沟遗址	火塘 P2H2		2018.10.31	
德庆石器点	TG1 ②	14.5	2018.11.1	小麦、藜
曲隆石器点	剖面 2H1	3	2018.11.1	大麦、小麦、豌豆、青稞
曲隆石器点	剖面 1	10	2018.11.1	大麦 / 小麦
邦乌石器点	剖面 1	11	2018.11.1	青稞
加日塘遗址	0～5cm	9	2018.11.4	木炭
加日塘遗址	8～10cm	6.5	2018.11.4	木炭
加日塘遗址	10～15cm	6.5	2018.11.4	木炭
加日塘遗址	15～20cm	12	2018.11.4	木炭
加日塘遗址	20～30cm	9	2018.11.4	木炭
卡定遗址	剖面 1 ②	11	2018.11.14	麦残块，疑似小麦
卡定遗址	剖面 1 ③	19	2018.11.14	小麦残
甲木卡遗址	剖面 6 ③ 灰土层	3	2018.11.14	豌豆残
甲木卡遗址	剖面 6 ④	6	2018.11.14	大麦残
甲木卡遗址	剖面 6 灰土层 2	2	2018.11.14	小麦
古乡遗址	剖面 1 灰层	1	2018.11.14	木炭
阿岗绒墓地	④	5	2018.11.15	麦残块，无法进一步鉴定
阿岗绒墓地	剖面 2 灰层火塘	1	2018.11.15	麦残块，大麦
立定遗址	剖面 1 50～70cm	18	2018.11.17	果壳
立定遗址	剖面 1 50～70cm	14.5	2018.11.17	
立定遗址	剖面 3 265cm	8	2018.11.17	木炭 1；骨骼 1
立定遗址	剖面 3 H1 灰土	15	2018.11.17	麦残块，大麦
立定遗址	剖面 3 H1 上部	8	2018.11.17	
立定遗址	剖面 3 H1 下部	8	2018.11.17	骨骼
立定遗址	剖面 3 ②	7	2018.11.17	大麦
林芝村遗址	剖面 1 ②	13.5	2018.11.18	木炭
林芝村遗址	剖面 1 ③	29	2018.11.18	木炭
尼池村遗址	剖面 1	1	2018.11.18	木炭
尼池村遗址	剖面 2 ①	4.5	2018.11.18	大麦

续表

遗址名称	出土单位	土量/L	采集日期	测年材料
尼池村遗址	剖面 2 ②	2	2018.11.18	木炭
尼池村遗址	剖面 2 ③	2	2018.11.18	木炭
巴果绕遗址	剖面 1 ②	10.5	2018.11.19	大麦
巴果绕遗址	剖面 1 ③	9.5	2018.11.19	大麦
巴果绕遗址	剖面 1 ④	10	2018.11.19	大麦
巴果绕遗址	剖面 1 ⑤	15.5	2018.11.19	青稞
巴果绕遗址	剖面 1 ⑥	8.5	2018.11.19	麦残块，大麦
巴果绕遗址	剖面 1 ⑦	3.5	2018.11.19	麦残块
巴果绕遗址	剖面 2 黑层浮选土	2	2018.11.19	小麦
巴果绕遗址	剖面 4 ④	8.5	2018.11.19	大麦、食用豆类
巴果绕遗址	剖面 4 ⑤	5.5	2018.11.19	小麦
巴果绕遗址	剖面 4 ⑥	3.5	2018.11.19	大麦
加拉马遗址	剖面 2 H1 ①	5	2018.11.20	木炭
加拉马遗址	剖面 2 H1 ②	12	2018.11.20	麦残块
加拉马遗址	剖面 2 H1 ③	13	2018.11.20	木炭
都普遗址	剖面 1 ②	19	2018.11.20	豌豆

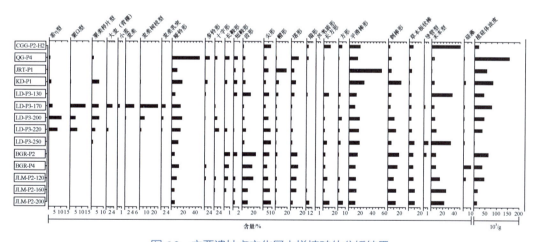

图 6.2　主要遗址点文化层土样植硅体分析结果

麦作传入中国境内的路线争议不断（赵志军，2015；Liu et al.，2017；Dong，2018；Long et al.，2018）。越来越多的证据发现，大麦和小麦这对组合在向东传播的过程中似乎解散了——在新疆阿勒泰地区吉木乃县通天洞遗址浮选得到的炭化小麦直接测年结果为 5000a BP 上下，而青稞测定年代为 3500a BP（新疆文物考古研究所和北京大学考古文博学院，2018），显示小麦在 5000 ～ 4500a BP 从新疆或者沿西伯利亚草原传播并进入中国（Liu et al.，2019；Dong et al.，2017；Long et al.，2018），而大麦则很可能晚些时候分别经中亚和南亚进入中国境内——在印度西北部，在青藏高原的西南

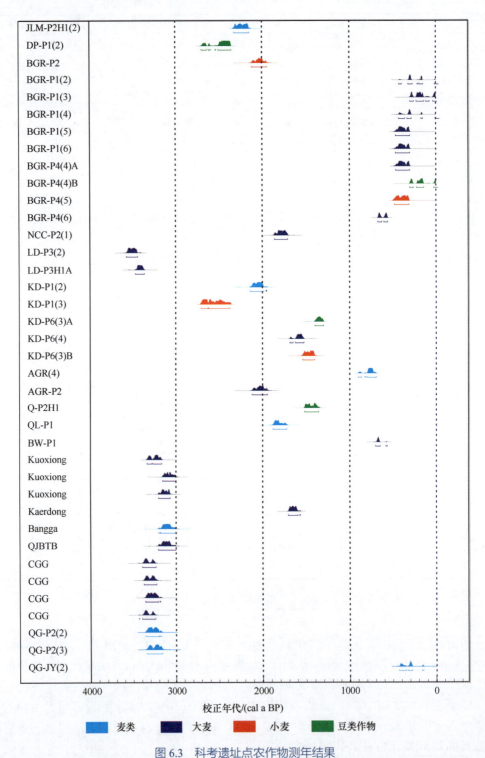

图 6.3　科考遗址点农作物测年结果

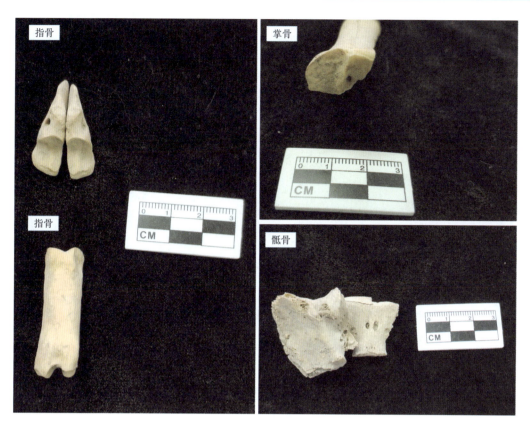

图 6.4　林芝卡定遗址剖面 1 第③层出土的山羊骨骼

缘发现了一大批 5000 ~ 4500a BP 的青稞遗存（Liu et al.，2017，2019），来自遗传学的证据也显示大麦有着不同于小麦的传播线路（Zeng et al.，2018；Lister et al.，2018）。拉萨曲贡遗址、贡嘎昌果沟遗址、林芝立定遗址的大麦遗存为大麦在南线的传播提供了更多证据。

　　贡嘎昌果沟遗址略晚于林芝立定遗址，那么，这种混作农业模式是从雅鲁藏布江中下游向中游传播的吗？那西亚起源的大麦和小麦又是如何到达雅鲁藏布江中下游的？这一系列问题还需要进一步的研究工作。无论如何，作为藏南地区文化传播的天然通道，雅鲁藏布江河谷是农业传播的一条必经之路。本科考分队在雅鲁藏布江流域进行了系统的植物考古和测年分析，对构建西藏地区粟作和麦作农业在高原传播的时空框架有重要意义。

　　3500a BP 前后，地处拉萨南北的昌果沟遗址和曲贡遗址，以及林芝的立定遗址均同时出现了来自东亚和西亚的农业因素，指示了当时东西方交流的存在。而交流的通道很可能就是文物普查在雅鲁藏布江流域发现的数十个人类活动遗迹点，可以大致勾勒出一条沿着雅鲁藏布江流域展布的东西大通道（图 6.5）。这条通道与吐蕃时期在吐蕃疆域内形成的丝绸之路南线，"高原丝绸之路"基本重合（张云，2017；霍巍，2017），很可能就是"高原丝绸之路"的雏形。

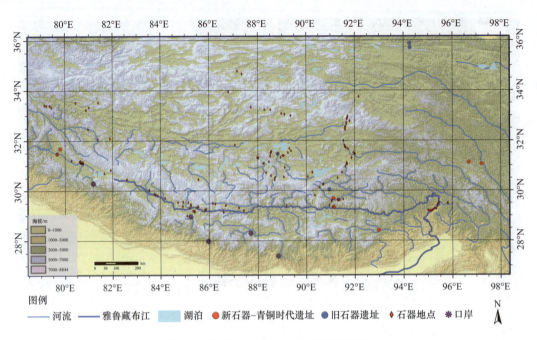

图例

—— 河流　——— 雅鲁藏布江　　湖泊　● 新石器-青铜时代遗址　● 旧石器遗址　◆ 石器地点　✳ 口岸

图 6.5　雅鲁藏布江流域人类活动遗迹点

6.1.2　雅鲁藏布江流域中下游的石器

1. 石器的时空分布特征

根据科考成果发现，藏东南地区史前遗址主要存在 3 类并存的石器工业传统：细石器、小石片工业，砾石石器工业和磨制石器工业（图 6.6）。该区域人类活动年代均较晚，受冰川和水文条件影响，保存较差，大部分石器为地表采集，仅立定遗址、巴果绕遗址、加日塘遗址、卡达遗址和昌东石器地点等少量遗址有地层。

第一类：细石器、小石片工业。其主要存在于狩猎采集和游牧人群中，在该区域的代表为加日塘遗址，3200 ~ 2900a BP，其石器类型和石料利用传统与青藏高原东北部狩猎采集人群传统十分相似，表明其受到青藏高原北部史前人类的影响更大。科考调查的人类活动遗迹点中，拉萨河谷的加日塘遗址、吐追纳卡石器地点、昌东石器地点、俄布石器地点，以及雅鲁藏布江流域贡嘎昌果沟遗址存在这类细石器、小石片工业。

第二类：砾石石器工业（图 6.7）。其主要分布在雅鲁藏布江中下游及其支流的史前遗址中，其石器形制笨重、粗糙，与卡若遗址出土的石器造型相似，选材均为就近选择的河滩砾石。这一石器工业同时也反映了史前人类受到该区域植被树林茂盛的影响，石器工业传统与四川、云南等南方地区趋于一致。代表遗址有林芝市立定遗址、巴果绕遗址、卡达遗址、尼池村遗址、都普遗址、加拉马遗址，以及山南市乃东高速口和拉萨市曲隆石器地点。

第三类：磨制石器工业（图 6.8）。其出现在墨脱县境内的遗址，遗址年代均未知，

图 6.6　藏东南史前遗址石器特征

图 6.7　砾石石器工业

但当地石器利用的历史可能延续到很晚，因此各遗址出现的磨制石器的年代可能较晚。在墨脱县墨脱村、亚东村、背崩乡背崩村、格林村以及林芝都普遗址均采集到这种类型石器。

2. 石器石料分析

对石器原料的研究结果表明（图 6.9），细石器、小石片工业除利用当地基岩和河滩砾石外，对碧玉岩和隐晶质石英岩等优质石料有一定需求，因此存在远距离搬运石料的行为，如在加日塘遗址出现的碧玄岩在色林错岸边基岩有出露，且在高原东北部青海湖盆地全新世早期各遗址也有出现；砾石石器工业对于石料要求较低，几乎全部

图 6.8　磨制石器工业

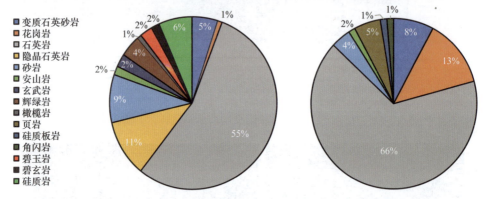

- 变质石英砂岩
- 花岗岩
- 石英岩
- 隐晶石英岩
- 砂岩
- 安山岩
- 玄武岩
- 辉绿岩
- 橄榄岩
- 页岩
- 硅质板岩
- 角闪岩
- 碧玉岩
- 碧玄岩
- 硅质岩

图 6.9　细石器、小石片工业石料类型占比以及砾石石器工业石料类型占比

就近采集于河滩砾石打制而成；磨制石器工业主要使用变质石英砂岩，据当地人讲，波密县至墨脱县公路途中山区产此类岩石，当地人现代仍开采此类石料制作磨刀石，因此也能说明此类磨制石器工业年代不会很久远。

3. 藏东南史前石器工业形成原因

不同石器工业类型反映了早期人类的交流及对不同环境的适应。

拉萨河上游，多平坦河谷，为草原环境，细石器、小石片工业适应草原环境的游牧经济；雅鲁藏布江中下游河谷狭窄，林木茂盛，为森林环境，偶有小型台地适合农耕，砾石石器工业适应森林环境中的采集经济，磨制石器工业适应河谷小型农耕经济。

从石器类型看，雅鲁藏布江中下游史前人类与卡若等东南方地区交流更密，拉萨河上游游牧人群受到高原东北部文化的影响更深。

但遗憾的是，科考未发现旧石器时代遗址，所有调查和发现的遗址年代均在全新世中晚期，且多数无地层。这可能与雅鲁藏布江中下游全新世早期堰塞湖多发，不利于人类生存有关，也可能与雅鲁藏布江中下游冰川广布，冰蚀地貌发育，不利于遗址保存有关。

6.2　藏东南人类活动与生存环境

6.2.1　古人类活动的地貌环境

本次科考共调查了 17 个遗址点的地貌环境（图 6.10）。按照遗址点所在地貌部位，我们将其划分为 3 类：阶地（河流 / 湖相阶地）、坡积物和风成堆积。其中遗址点沉积类型为阶地 6 个，坡积物 8 个，风成堆积 3 个。阶地类型遗址主要分布在宽谷中，阶地发育主要受雅鲁藏布江控制。坡积物分布在山脚，尤其是东部的帕隆藏布江流域，降水量高，坡度大，极易造成滑坡崩塌和泥石流。风成类型遗址主要出现在拉萨市和山南市，风成沉积物物源为拉萨河和雅鲁藏布江在枯水期裸露的河床、心滩、边滩等。

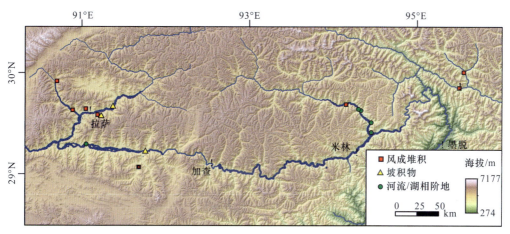

图 6.10　考古遗址点地貌类型分布

曲贡遗址、昌果沟遗址等均位于阶地上，而阶地的发育与雅鲁藏布江的堵江堰塞充填——溃坝切割的过程相关联。尼洋河两岸展布多级湖积阶地，人类活动可能按照由高向低的方式迁徙到近水岸带生活。

尼洋曲与雅鲁藏布江交汇的部位是古人类宜居的自然选择，在该地区的高阶段上有可能发现 4000a BP 的人类活动遗址。易贡藏布、帕隆藏布和墨脱地区多为高山峡谷地带，人类活动遗址不易保存。在其支流为宽阔的冰川谷或高阶地上，可能仍然保存有未被发现的古人类活动遗址。总体来看，气候变化和构造活动均为控制雅鲁藏布江流域地貌的关键因素，通过堵江 – 堰塞 – 溃决系列事件影响古人类的生活环境和迁徙路径。

6.2.2　古人类活动的气候环境

晚全新世以来，藏东南地区气候记录表明，由于太阳辐射减弱，季风强度也在同步衰减。5ka 以来该区域气候逐渐变干变冷（Bird et al.，2014），这与利用孢粉、摇蚊、硅藻等重建的结果一致（Kramer et al.，2010；Zhang et al.，2017b，2016）(图 6.11）。

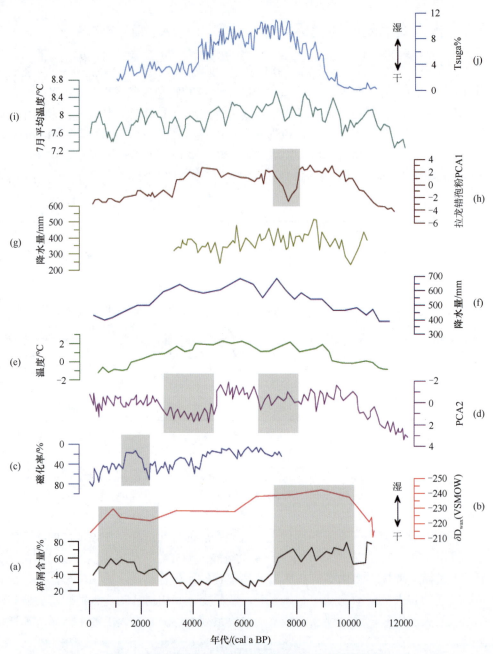

图 6.11　青藏高原东南部地区全新世以来气候变化记录

(a) 帕如错碎屑含量记录（Bird et al.，2014）；(b) 帕如错叶蜡 δD_{wax} 记录（Bird et al.，2014）；(c) 来古湖磁化率记录（Huang et al.，2016）；(d) 伍须海孢粉 PCA2 指示降水记录（Zhang et al.，2016）；(e) 和 (f) 海登湖孢粉重建古温度、古降水记录（唐领余等，2004）；(g) 沉错重建古降水记录（Lu et al.，2011）；(h) 拉龙措孢粉 PCA1（Kramer et al.，2010）；(i) 天才湖摇蚊记录（Zhang et al.，2017）；(j) 泸沽湖 Tsuga 记录（Wang et al.，2017）

随温度降水的逐步下降，植被主要转变为发育草原植被。4.4～3.4 cal ka BP 伍须海区域桦树和针叶树数量减少，林线下移，之后植被变化迅速，草甸和灌木植被占据主导地位，而在 3.4 cal ka BP 以后发现了部分反映牧业发展的信号，并且这一阶段的树线振荡可能与人类对植被的影响有关 (Zhang et al.，2016)。岩屑通量 [图 6.11 (a)] 和孢粉重建的降水记录 [图 6.11 (d)] 表明该区域在 3.0 cal ka BP 降水量增加，Sheng 等 (2015) 利用泸沽湖沉积物粒度重建的地表径流强度，即降水强度，也表明在 2.8～1.2 cal ka BP 降水增加，气候湿润。

目前人类活动遗迹调查的证据显示人类在 4000～3500a BP 后进入雅鲁藏布江流域，其气候环境并不是非常适宜。3600～3000a BP，对水热要求不高的粟作农业一直存在于雅鲁藏布江流域，直至 3000a BP 后彻底消失。藏东南地区是典型的印度季风影响区，全新世气候变化主要受夏季太阳辐射控制的印度季风强度影响，因此这一地区气候变化总体上呈现早全新世暖湿，随后逐步变冷变干的趋势。但由于区域内地形地势复杂，也存在区域内气候变化记录不一致现象，造就了这一地区气候环境变化的复杂性。温度和降水对农业的影响是决定性的，而正是这一决定性作用使得这一地区目前还没有更高分辨率、更具有代表性的水热变化记录来解释藏东南农作物种植种类的变化。

参 考 文 献

巴桑罗布. 2014. 隐秘乐园——门隅的历史法律地位. 北京: 中国藏学出版社.

陈冰. 2018. 科技40年: 从跟跑到并跑, 甚至领跑. 新华月报, (16): 102-105.

陈德亮, 徐柏青, 姚檀栋, 等. 2015. 青藏高原环境变化科学评估: 过去, 现在与未来. 科学通报, 60(32): 3025-3035.

陈景源. 1981. 门巴族的婚俗. 中国民族, 5: 40.

陈立明. 1994. 珞藏文化交流初探. 西藏研究, (3): 60-68.

陈立明. 1995. 试论门、珞文化交流. 民族学研究, (6): 228-240.

陈立明. 2003a. 《仓央嘉措情歌》与门巴族藏族的文学交流. 民族文学研究, (1): 54.

陈立明. 2003b. 藏门珞民族关系研究. 四川: 四川大学.

陈立明. 2008. 我国门巴族、珞巴族研究的历史回顾. 西藏民族大学学报(哲学社会科学版), 29(6): 27-32.

陈立明. 2010. 门巴族、珞巴族的历史发展与当代社会变迁. 中国藏学, 23(2).

陈立明. 2011. 门巴族珞巴族的传统文化及其在新时期的变化. 西藏民族大学学报(哲学社会科学版), (5): 48-54.

崔颖颖, 朱立平, 鞠建廷, 等. 2017. 基于流量监测的西藏东南部然乌湖水量平衡季节变化及其补给过程分析. 地理学报, 72: 1221-1234.

丹扎. 1990. 林芝都普古遗址首次发掘石棺葬. 西藏研究, 4: 140-141.

党秀云, 周晓丽. 2012. 达木村调查(珞巴族). 北京: 中国经济出版社.

丁林, 钟大赉, 潘裕生, 等. 1995. 东喜马拉雅构造结上新世以来快速抬升的裂变径迹证据. 科学通报, 40(16): 1497.

董广辉, 张山佳, 杨谊时, 等. 2016. 中国北方新石器时代农业强化及对环境的影响. 科学通报, 61(26): 2913-2925.

杜莉. 2011. 乡村巨变——西藏山南勒布门巴民族乡调查报告. 北京: 社会科学文献出版社.

多布杰. 2012. 中国门巴族. 银川: 宁夏人民出版社.

房迎三, 汤惠生. 2007. 西藏打制石器的新材料. 南宁: 第九届中国古脊椎动物学术年会, 211-222.

傅大雄. 2001. 西藏昌果沟遗址新石器时代农作物遗存的发现, 鉴定与研究. 考古, (3): 66-74.

嘎路. 2002. 墨脱县畜牧业生产现状与发展对策. 西藏畜牧兽医, (1): 95-98.

高星, 周振宇, 关莹. 2008. 青藏高原边缘地区晚更新世人类遗存与生存模式. 第四纪研究, 6: 969-977.

格桑, 王蕾. 2012. 中国珞巴族. 银川: 宁夏人民出版社.

龚锐, 晋美. 2004. 珞巴族西藏米林县琼林村调查. 昆明: 云南大学出版社.

关东升. 1995. 中国民族文化大观——藏族门巴族珞巴族. 北京: 中国大百科全书出版社.

广东省农业科学院. 2013. 墨脱县茶叶产业发展总体规划(2014-2025年).

国家文物局. 1996. 中国文物地图集·青海分册. 北京: 中国地图出版社.

国家文物局. 2010. 中国文物地图集·西藏自治区分册. 北京: 文物出版社.

国家文物局. 2011. 中国文物地图集·甘肃分册. 北京: 测绘出版社.

何强. 1994. 西藏考古第1辑. 成都: 四川大学出版社.

侯光良, 曹广超, 鄂崇毅, 等. 2015. 青藏高原海拔4000 m区域人类活动的新证据. 地理学报, 71(7): 1231-

1240.

华蕴志. 2020. 中印"麦克马洪线"的非法性分析——以条约法为分析视角. 德州学院学报, 36(1): 88-93, 104.

黄慰文. 2001. 青藏高原的早期人类活动. 中国西藏, 2: 51-53.

霍巍. 2013. 西藏高原史前农业的考古学探索. 民族研究, (2): 110-121, 126.

霍巍. 2017. "高原丝绸之路"的形成、发展及其历史意义. 社会科学家, (11): 19-24.

霍巍, 王煜. 2014. 曲贡遗址之性质及相关问题讨论. 中国藏学, (1): 91-98.

冀文正. 1993. 西藏民间故事(第六集). 拉萨: 西藏人民出版社.

鞠建廷, 朱立平, 黄磊, 等. 2015. 基于监测的藏东南然乌湖现代过程: 湖泊对冰川融水的响应程度. 科学通报, 60(1): 16-26.

克里斯托夫·冯·菲尤勒, 海门道夫. 1980. 阿帕塔尼人和他们的邻族. 吴泽霖译. 中国社会科学院民族研究所油印本.

李坚尚. 1986. 试论珞巴族的部落组织. 民族研究, (4): 29-33.

李坚尚. 1999. 喜马拉雅寻觅. 青岛: 山东画报社.

李坚尚, 刘芳贤. 1992. 珞巴族的社会和文化. 成都: 四川民族出版社.

李坚尚, 刘芳贤. 1993. 珞巴族门巴族民间故事选. 上海: 上海文艺出版社.

李金轲, 马得汶. 2012. 中印领土争议东段地区珞巴族塔金人及其社会变迁. 中国边疆史地研究, 22(1): 87-102, 149.

李林辉. 2001. 山南邦嘎新石器时代遗址考古新发现与初步认识. 西藏大学学报(汉文版), 16(4): 50-51, 56.

李升峰, 王富葆, 张捷, 等. 1999. 西藏昂仁湖全新世硅藻记录与环境演变. 科学通报, 44: 320-323.

李升峰, 张建新, 张兆干, 等. 2001. 化石硅藻新指标在西藏昂仁湖环境演变中的应用. 古生物学报, 40: 143-152.

李文华. 1985. 西藏森林. 北京: 科学出版社.

李永宪. 1992. 吉隆罗垄沟等雅鲁藏布江中上游的石器遗存——兼论西藏高原细石器遗存的相关问题. 南方民族考古(第四辑), 47-64.

李永宪, 霍巍. 1994. 西藏仲巴县城北石器地点. 考古, 7: 577-586.

林田. 1989. 门域历史沿革及印度侵占经过, 西藏学参考丛书第二辑之七. 拉萨: 西藏社会科学院西藏学汉文文献室.

林一璞, 陈万勇, 张森水. 1982. 林芝人及其文化遗物, 西藏古生物第一分册. 北京: 科学出版社.

刘爱军, 李祥妹, 周龙春. 2011. 西藏自治区人口较少民族发展问题研究. 西北人口, 32(4): 23-27.

刘光秀, 施雅风, 沈永平, 等. 1997. 青藏高原全新世大暖期环境特征之初步研究. 冰川冻土, 19(2): 114-123.

刘景芝, 赵慧民. 1999. 西藏贡嘎县昌果沟新石器时代遗址. 考古, (4): 1-10.

刘志群. 1997. 珞巴族原始文化(上). 民族艺术, (1): 44-53.

《珞巴族简史》编写组. 1987. 珞巴族简史. 拉萨: 西藏人民出版社.

《珞巴族简史》编写组. 2009. 珞巴族简史. 北京: 民族出版社.

洛桑. 1981. 门巴族的衣饰. 中国民族, (5): 39.

洛思. 1989. 珞巴族饮食习俗惯制. 西藏民族大学学报(哲学社会科学版), (2): 56-62.

吕红亮. 2007. 西藏阿里地区丁东居住遗址发掘简报. 考古, (11): 36-46.

吕红亮. 2011. 西藏旧石器时代的再认识——以阿里日土县夏达错东北岸地点为中心. 考古, 3: 59-68.

吕红亮. 2015. 跨喜马拉雅的文化互动: 西藏西部史前考古研究. 北京: 科学出版社.

吕昭义. 2004. 门巴族西藏错那县贡日乡调查. 昆明: 云南大学出版社.

吕昭义, 红梅. 2004. 门巴族西藏错那县贡日乡调查. 昆明: 云南大学出版社.

《门巴族简史》编写组. 2008. 门巴族简史. 北京: 民族出版社.

钱方, 吴锡浩, 黄慰文. 1988. 藏北高原各听石器初步观察. 人类学学报, 7 (1): 75-83.

任乐乐, 董广辉. 2016. "六畜" 的起源和传播历史. 自然杂志, 38(4): 257-262.

沙钦·罗伊. 1991. 珞巴族阿迪人的文化. 李坚尚, 丛晓明, 译. 拉萨: 西藏人民出版社.

索文清. 1981. 花丛果林中的门巴族. 中国民族, (5): 36-38.

汤惠生. 1999. 略论青藏高原的旧石器和细石器. 考古, 5: 44-54.

汤惠生. 2011. 青藏高原旧石器时代晚期至新石器时代初期的考古学文化及经济形态. 考古学报, 4: 443-
466.

唐领余. 1998. 青藏高原东部末次冰期最盛期气候的花粉证据. 冰川冻土, 20: 133-140.

唐领余, 沈才明, 廖淦标, 等. 1999a. 西藏两个小湖高分辨率的花粉记录. 植物学报(英文版), 41: 896-902.

唐领余, 沈才明, 廖淦标, 等. 2004. 末次盛冰期以来西藏东南部的气候变化. 中国科学 D 地球科学, 34(5):
436-442.

唐领余, 沈才明, Liu K B, 等. 1999b. 南亚古季风的演变: 西藏新的高分辨率古气候记录. 科学通报, 441:
896-902.

童恩正. 1985. 西藏考古综述. 文物, 9: 9-19.

王二七, 陈良忠, 陈智樑. 2002. 在构造和气候因素制约下的雅鲁藏布江的演化. 第四纪研究, 22(4): 365-
373.

王恒杰. 1975. 西藏自治区林芝县发现的新石器时代遗址. 考古, (5): 310-315, 330.

王君波, 朱立平, 鞠建廷, 等. 2009. 西藏普莫雍错不同岩芯环境指标的对比研究及其反映的近200年来环
境变化. 湖泊科学, 21(6): 819-826.

王丽平. 2011. 墨脱村调查. 北京: 中国经济出版社.

王仁湘. 1990. 拉萨河谷的新石器时代居民——曲贡遗址发掘记. 西藏研究, (4): 135-139.

王玉平. 1997. 珞巴族. 北京: 民族出版社.

王垣杰. 1983. 西藏林芝地区的古人类骨骸和墓葬. 西藏研究, (2): 112-114.

王兆印, 余国安, 王旭昭, 等. 2014. 青藏高原抬升对雅鲁藏布江泥沙运动和地貌演变的影响. 泥沙研究,
(2): 1-7.

吴春宝, 青觉. 2015. 西藏人口较少民族的就业结构及区域迁移动向分析——以门巴族为例. 青海民族研
究, 26(4): 178-182.

吴从众. 1987. 西藏墨脱县门巴族的历史沿革. 中央民族大学学报: 哲学社会科学版, (1): 37-41.

吴海锋, 鹿化煜, 张瀚之, 等. 2016. 雅鲁藏布江中游12 ka BP前后的黄土堆积及其气候意义. 中国沙漠,

36: 616-622.

西藏社会历史调查资料丛刊编辑组. 2009. 门巴族社会历史调查(一)、(二). 北京: 民族出版社.

西藏社科院. 1985. 门巴族简史. 拉萨: 西藏人民出版社.

西藏文管会文物普查队. 1985. 拉萨曲贡村遗址调查试掘简报. 文物, 4: 20-29.

西藏文管会文物普查队. 1991. 西藏吉隆县罗垄沟石器地点. 南方民族考古(第四辑), 25-46.

西藏自治区文物管理委员会, 四川大学历史系. 1985. 昌都卡若. 北京: 文物出版社.

夏格旺堆. 2001. 邦嘎新石器时代遗址的考察及考古发掘. 中国西藏, (4): 54-55.

夏格旺堆, 李林辉. 2006. 西藏林芝地区林芝村古墓葬调查简报. 西藏大学学报(汉文版), 21(02): 44-47.

谢端琚. 2002. 甘青地区史前考古. 北京: 文物出版社.

辛晓冬, 姚檀栋, 叶庆华, 等. 2009. 1980—2005年藏东南然乌湖流域冰川湖泊变化研究. 冰川冻土, 31: 23-30.

新疆文物考古研究所, 北京大学考古文博学院. 2018. 新疆吉木乃县通天洞遗址. 考古, (7): 723-734.

薛轶宁. 2010. 云南剑川海门口出土植物遗存初步研究. 北京: 北京大学.

羊向东, 王苏民, 沈吉, 等. 2003. 藏南沉错钻孔硅藻组合与湖水古盐度定量恢复. 中国科学: 地球科学, 33: 163-169.

杨瑞敏, 朱立平, 王永杰, 等. 2012. 西藏东南部米堆冰湖面积和水量变化及其对溃决灾害发生的影响. 地理科学进展, 31: 1133-1140.

杨逸畴, 高登义, 李渤生. 1987. 雅鲁藏布江下游河谷水汽通道初探. 中国科学 (B 辑), 8: 893-902.

杨颖. 2011. 河湟地区金蝉口和李家坪齐家文化遗址植物大遗存分析. 兰州: 兰州大学.

姚檀栋, 李治国, 杨威, 等. 2010. 雅鲁藏布江流域冰川分布和物质平衡特征及其对湖泊的影响. 科学通报, 55: 1750-1756.

姚兴奇. 1992. 门巴族狩猎文化中的禁忌. 西藏研究, (01): 110-117.

仪明洁, 高星, 张晓凌, 等. 2011. 青藏高原边缘地区史前遗址2009年调查试掘报告. 人类学学报, 30(02): 124-136.

于乃昌. 1979. 门巴族民间文学资料. 咸阳: 西藏民族学院科研处.

于乃昌. 1980. 珞巴族民间文学资料. 咸阳: 西藏民族学院科研处.

于乃昌. 1989a. 神灵感应中的人体文化——论门巴族的宗教舞蹈. 西藏民族大学学报(哲学社会科学版), (1): 1-7.

于乃昌. 1989b. 西藏民间故事(第五集). 拉萨: 西藏人民出版社.

于乃昌. 1993. 心灵和自然的契合——论门巴族诗歌艺术. 西藏艺术研究, (02): 80-83.

余波, 宋艳辉. 2021. 中国学术话语权评价的内涵、产生及构成要素分析. 情报杂志, 40(1): 104-110.

袁宝印, 黄慰文, 章典. 2007. 藏北高原晚更新世人类活动的新证据. 科学通报, 52(13): 1567-1571.

扎西, 觉安拉姆, 卓拉. 2012. 西藏人口较少民族迁徙的政治经济动因及其对民族关系的影响. 西藏民族大学学报(哲学社会科学版), 33(4): 25-29.

张德二, 李红春, 顾德隆, 等. 2010. 从降水的时空特征检证季风与中国朝代更替之关联. 科学通报, 55(1): 60-67.

张江华. 1984. 门藏历史关系刍议. 西藏民族大学学报(哲学社会科学版), (1): 77-85.

张江华. 1988. 门巴族封建农奴社会. 成都: 四川民族出版社.

张江华. 1997. 门巴族. 北京: 民族出版社.

张江华, 揣振宇, 陈景源. 2007. 雅鲁藏布江大峡谷生态环境与民族文化考察记. 北京: 中国藏学出版社.

张进江, 季建清, 钟大赉, 等. 2003. 东喜马拉雅南迦巴瓦构造结的构造格局及形成过程探讨. 中国科学:
    地球科学, 33(4): 373-383.

张若蓉. 2009. 关于 "门巴族、珞巴族" 载文的统计分析. 西藏研究, (5): 113-120.

张山佳, 董广辉. 2017. 青藏高原东北部青铜时代中晚期人类对不同海拔环境的适应策略探讨. 第四纪研
    究, 37(4): 696-708.

张云. 2017. 高原丝绸之路的主要特点与历史成就. 江海学刊, (4): 142-147.

赵志军. 2015. 小麦传入中国的研究——植物考古资料. 南方文物, (3): 44-52.

赵志军, 陈剑. 2011. 四川茂县营盘山遗迹浮选结果及分析. 南方文物, 3: 60-67.

浙江农业大学. 1982. 茶树栽培学. 北京: 农业出版社.

《中国少数民族》修订编辑委员会. 2009. 中国少数民族 (修订本). 北京: 民族出版社.

中国社会科学院考古研究所. 1992. 中国考古学中碳十四年代数据集. 北京: 文物出版社.

中国社会科学院考古研究所, 西藏自治区文物局. 1999. 拉萨曲贡. 北京: 中国大百科全书出版社.

中国社会科学院民族研究所. 1978. 关于西藏珞巴族的几个调查材料: 珞巴族调查材料之二. 北京: 中国
    社会科学院民族研究所.

周尚红, 许刘兵, Colgan P M, 等. 2007. 古乡冰期和白玉冰期的宇宙成因核素^{10}Be定年. 科学通报,
    52(08): 945-950.

朱建中. 1994. 西藏林芝县多布石棺墓清理简报. 考古, (7): 665-666, 670.

朱立平, 王君波, 陈玲, 等. 2004. 藏南沉错湖泊沉积多指标揭示的2万年以来环境变化. 地理学报, 59:
    514-524.

Aldenderfer M S. 2007. Modeling the neolithic on the Tibetan plateau. Developments in Quaternary Sciences,
    9: 151-165.

An Z, Wu G, Li J, et al. 2015. Global monsoon dynamics and climate change. Annual Review of Earth and
    Planetary Sciences, 43: 29-77.

Aziz B N. 1978. Tibetan frontier families: Reflections of three generations from D'ing-ri. Durham: Carolina
    Academic Press.

Bird B W, Lei Y, Perello M, et al. 2016. Late-Holocene Indian summer monsoon variability revealed from a
    3300-year-long lake sediment record from Nir'pa Co, southeastern Tibet. The Holocene, 27: 541-552.

Bird B W, Polisar P J, Lei Y, et al. 2014. A Tibetan lake sediment record of Holocene Indian summer monsoon
    variability. Earth and Planetary Science Letters, 399: 92-102.

Bocinsky R K, Kohler T A. 2014. A 2,000-year reconstruction of the rain-fed maize agricultural niche in the
    US Southwest. Nature Communications, 5: 5618.

Bracciali L, Parrish R R, Najman Y, et al. 2016. Plio-Pleistocene exhumation of the eastern Himalayan
    syntaxis and its domal 'pop-up'. Earth-Science Reviews, 160: 350-385.

Brantingham P J, Gao X. 2006. Peopling of the northern Tibetan Plateau. World Archaeology, 38(3): 387-

414.

Burbank D W, Blythe A E, Putkonen J, et al. 2003. Decoupling of erosion and precipitation in the Himalayas. Nature, 426(6967): 652-655.

Cao X Y, Ni J, Herzschuh U, et al. 2013. A late Quaternary pollen dataset in eastern continental Asia for vegetation and climate reconstructions: Set-up and evaluation. Review of Palaeobotany and Palynology, 194: 21-37.

Chen F H, Dong G H, Zhang D J, et al. 2015a. Agriculture facilitated permanent human occupation of the Tibetan Plateau after 3600 BP. Science, 347(6219): 248-250.

Chen F H, Welker F, Shen C C, et al. 2019. A late Middle Pleistocene Denisovan mandible from the Tibetan Plateau. Nature, 569:409-412.

Chen N, Chen M, Li J, et al. 2015b. Effects of human activity on erosion, sedimentation and debris flow activity – A case study of the Qionghai Lake watershed, southeastern Tibetan Plateau, China. The Holocene, 25: 973-988.

Chen Y, Aitchison J C, Zong Y, et al. 2016. OSL dating of past lake levels for a large dammed lake in southern Tibet and determination of possible controls on lake evolution. Earth Surface Processes and Landforms, 41 (11): 1467-1476.

Conroy J L, Hudson A M, Overpeck J T, et al. 2017. The primacy of multidecadal to centennial variability over late-Holocene forced change of the Asian Monsoon on the southern Tibetan Plateau. Earth & Planetary Science Letters, 458: 337-348.

Conroy J L, Overpeck J T, Cole J E, et al. 2013. Dust and temperature influences on glaciofluvial sediment deposition in southwestern Tibet during the last millennium. Global and Planetary Change, 107: 132-144.

Dahl S O, Bakke J, Lie Ø, et al. 2003. Reconstruction of former glacier equilibrium-line altitudes based on proglacial sites: An evaluation of approaches and selection of sites. Quaternary Science Reviews, 22: 275-287.

DeMenocal P B. 2001. Cultural responses to climate change during the late Holocene. Science, 292(5517): 667-673.

Dong G. 2018. A new story for wheat into China. Nature plants, 4(5): 243-244.

Dong G H, Wang Z L, Ren L L, et al. 2014. A comparative study of radiocarbon dating charcoal and charred seeds from the same flotation samples in the Late Neolithic and Bronze Age sites in the Gansu and Qinghai Provinces, Northwest China. Radiocarbon, 56(1): 157-163.

Dong G, Jia X, Elston R, et al. 2013. Spatial and temporal variety of prehistoric human settlement and its influencing factors in the upper Yellow River valley, China. Journal of Archaeological Science, 40(5): 2538-2546.

Dong G H, Ren L L, Jia X, et al. 2016. Chronology and subsistence strategy of Nuomuhong Culture in the Tibetan Plateau. Quaternary International, 426: 42-49.

Finnegan N J, Hallet B, Montgomery D R, et al. 2008. Coupling of rock uplift and river incision in the

Namche Barwa-Gyala Peri massif, Tibet. Geological Society of America Bulletin, 120(1-2): 142-155.

Flad R, Li S C, Wu X H, et al. 2010. Early wheat in China: Results from new studies at Donghuishan in the Hexi Corridor. Holocene, 20: 955-965.

Fritz S C, Anderson N J. 2013. The relative influences of climate and catchment processes on Holocene lake development in glaciated regions. Journal of Paleolimnology, 49: 349-362.

Furer-Haimendorf C V. 1980. A Himalayan Tribe: From Cattle to Cash. California: University of California Press.

Gou X, Yang T, Gao L, et al. 2013. A 457-year reconstruction of precipitation in the southeastern Qinghai-Tibet Plateau, China using tree-ring records. Chinese Science Bulletin, 58: 1107-1114.

Grießinger J, Bräuning A, Helle G, et al. 2011. Late Holocene Asian summer monsoon variability reflected by $\delta^{18}O$ in tree-rings from Tibetan junipers. Geophysical Research Letters, 38: L03701.

Grießinger J, Bräuning A, Helle G, et al. 2017. Late Holocene relative humidity history on the southeastern Tibetan plateau inferred from a tree-ring $\delta^{18}O$ record: Recent decrease and conditions during the last 1500 years. Quaternary International, 430: 52-59.

Guedes J A D A, Crabtree S A, Bocinsky R K, et al. 2016. Twenty-first century approaches to ancient problems: Climate and society. Proceedings of the National Academy of Sciences, 113(51): 14483-14491.

Guedes J D A. 2016. Model building, model testing, and the spread of agriculture to the Tibetan Plateau. Archaeological Research in Asia, 5: 16-23.

Guedes J D A, Lu H, Li Y, et al. 2014. Moving agriculture onto the Tibetan plateau: The archaeobotanical evidence. Archaeological and Anthropological Sciences, 6(3): 255-269.

Guo C, Ma Y, Meng H, et al. 2018. Changes in vegetation and environment in Yamzhog Yumco Lake on the southern Tibetan Plateau over past 2000 years. Palaeogeography, Palaeoclimatology, Palaeoecology, 501: 30-44.

Harris. 2006. The elevation history of the Tibetan Plateau and its implications for the Asian monsoon. Palaeogeography, Palaeoclimatology, Palaeoecology, 241: 4-15.

Haug G H, Günther D, Peterson L C, et al. 2003. Climate and the collapse of Maya civilization. Science, 299(5613): 1731-1735.

Hodell D A, Curtis J H, Brenner M. 1995. Possible role of climate in the collapse of Classic Maya civilization. Nature, 375(6530): 391.

Hu G, Yi C L, Zhang J F, et al. 2015a. Luminescence dating of glacial deposits near the eastern Himalayan syntaxis using different grain-size fractions. Quaternary Science Reviews, 124: 124-144.

Hu H P, Feng J L, Chen F. 2017. $\delta^{18}O$ and $\delta^{13}C$ in fossil shells of Radix sp. from the sediment succession of a dammed palaeo-lake in the Yarlung Tsangpo valley, Tibet, China. Boreas, 46(3): 412-427.

Hu Z, Anderson N J, Yang X, et al. 2015b. Climate and tectonic effects on Holocene development of an alpine lake(Muge Co, SE margin of Tibet). The Holocene, 26: 801-813.

Huang L, Zhu L, Wang J, et al. 2016. Glacial activity reflected in a continuous lacustrine record since the early Holocene from the proglacial Laigu Lake on the southeastern Tibetan Plateau. Palaeogeography, Palaeoclimatology, Palaeoecology, 456: 37-45.

Huang S, Chen Y, Burr G S, et al. 2017a. Late Pleistocene sedimentary history of multiple glacially dammed lake episodes along the Yarlung-Tsangpo river, southeast Tibet. Quaternary Research, 82(2): 430-440.

Huang X Z, Liu S S, Dong G H, et al. 2017b. Early human impacts on vegetation on the northeastern Qinghai-Tibetan Plateau during the middle to late Holocene. Progress in Physical Geography, 41(3): 286-301.

Huntington E. 1913. Changes of climate and history. The American Historical Review, 18(2): 213-232.

Jia X, Dong G, Li H, et al. 2013. The development of agriculture and its impact on cultural expansion during the late Neolithic in the Western Loess Plateau, China. The Holocene, 23(1): 85-92.

Jones R T, Cook C G, Zhang E, et al. 2012. Holocene environmental change at Lake Shudu, Yunnan Province, southwestern China. Hydrobiologia, 693: 223-235.

Ju J, Zhu L, Wang J, et al. 2017. Estimating the contribution of glacial meltwater to Ranwu Lake, a proglacial lake in SE Tibet, using observation data and stable isotopic analyses. Environmental Earth Sciences, 76: 229.

Kennett D J, Beach T P. 2013. Archeological and environmental lessons for the Anthropocene from the Classic Maya collapse. Anthropocene, 4: 88-100.

Kintigh K W, Altschul J H, Beaudry M C, et al. 2014. Grand challenges for archaeology. American Antiquity, 79(1): 5-24.

Korup O, Montgomery D R. 2008. Tibetan plateau river incision inhibited by glacial stabilization of the Tsangpo gorge. Nature, 455(7214): 786-789.

Kramer A, Herzschuh U, Mischke S, et al. 2009. Late Quaternary environmental history of the south-eastern Tibetan Plateau inferred from the Lake Naleng non-pollen palynomorph record. Vegetation History and Archaeobotany, 19: 453-468.

Kramer A, Herzschuh U, Mischke S, et al. 2010. Holocene treeline shifts and monsoon variability in the Hengduan Mountains (southeastern Tibetan Plateau), implications from palynological investigations. Palaeogeography, Palaeoclimatology, Palaeoecology, 286: 23-41.

Kuang X, Jiao J J. 2016. Review on climate change on the Tibetan Plateau during the last half century. Journal of Geophysical Research: Atmospheres, 121: 3979-4007.

Lamb H F, Gasse F, Benkaddour Hamouti N E, et al. 1995. Relation between century-scale Holocene arid intervals in tropical and temperate zones. Nature, 373: 134-137.

Lamb H H. 1977. Climate, Present, Past and Future, Vol. 1. London: Methuen and Co. Ltd.

Lamb H H. 1982. Climate, History and the Modern World. London: Methuen and Co. Ltd.

Larsen I J, Lamb M P. 2016. Progressive incision of the Channeled Scablands by outburst floods. Nature, 538(7624): 229.

Li K, Liu X, Herzschuh U, et al. 2016a. Rapid climate fluctuations over the past millennium: Evidence from a lacustrine record of Basomtso Lake, southeastern Tibetan Plateau. Scientific Reports, 6: 24806.

Li K, Liu X, Wang Y, et al. 2017. Late Holocene vegetation and climate change on the southeastern Tibetan

Plateau: Implications for the Indian Summer Monsoon and links to the Indian Ocean Dipole. Quaternary Science Reviews, 177: 235-245.

Li S, Wang F, Zhang J, et al. 1999. Diatom-based reconstruction of Holocene environmental changes in Angren Lake, Southern Tibet. Chinese Science Bulletin, 44: 1123-1126.

Li T, Wu Y, Du S, et al. 2016b. Geochemical characterization of a Holocene aeolian profile in the Zhongba area (southern Tibet, China) and its paleoclimatic implications. Aeolian Research, 20: 169-175.

Li Y, Liu E, Xiao X, et al. 2015. Diatom response to Asian monsoon variability during the Holocene in a deep lake at the southeastern margin of the Tibetan Plateau. Boreas, 44: 785-793.

Liang E, Wang Y, Piao S, et al. 2016. Species interactions slow warming-induced upward shifts of treelines on the Tibetan Plateau. Proceedings of the National Academy of Sciences, 113: 4380-4385.

Liang E Y, Shao X M, Xu Y. 2009. Tree-ring evidence of recent abnormal warming on the southeast Tibetan Plateau. Theoretical and Applied Climatology, 98: 9-18.

Lister D L, Jones H, Oliveira H R, et al. 2018. Barley heads east: Genetic analyses reveal routes of spread through diverse Eurasian landscapes. PLoS One, 13(7): e0196652.

Liu W, Lai Z, Hu K, et al. 2015. Age and extent of a giant glacial-dammed lake at Yarlung Tsangpo gorge in the Tibetan Plateau. Geomorphology, 246: 370-376.

Liu X, Jones P J, Matuzeviciute G M, et al. 2019. From ecological opportunism to multi-cropping: Mapping food globalisation in prehistory. Quaternary Science Reviews, 206: 21-28.

Liu X, Lister D L, Zhao Z, et al. 2017. Journey to the east: Diverse routes and variable flowering times for wheat and barley en route to prehistoric China. PLoS One, 12(11): e0187405.

Liu X, Xu G, Grießinger J, et al. 2014. A shift in cloud cover over the southeastern Tibetan Plateau since 1600: evidence from regional tree-ring $\delta^{18}O$ and its linkages to tropical oceans. Quaternary Science Reviews, 88: 55-68.

Liu X, Zeng X, Leavitt S W, et al. 2013. A 400-year tree-ring $\delta^{18}O$ chronology for the southeastern Tibetan Plateau: Implications for inferring variations of the regional hydroclimate. Global and Planetary Change, 104: 23-33.

Loibl D, Hochreuther P, Schulte P, et al. 2015. Toward a late Holocene glacial chronology for the eastern Nyainqêntanglha Range, southeastern Tibet. Quaternary Science Reviews, 107: 243-259.

Long T, Leipe C, Jin G, et al. 2018. The early history of wheat in China from ^{14}C dating and Bayesian chronological modelling. Nature plants, 4(5): 272-279.

Lu H, Wu N, Liu K B, et al. 2011. Modern pollen distributions in Qinghai-Tibetan Plateau and the development of transfer functions for reconstructing Holocene environmental changes. Quaternary Science Reviews, 30: 947-966.

Lu H, Zhang J, Liu K B, et al. 2009. Earliest domestication of common millet (Panicum miliaceum) in East Asia extended to 10000 years ago. Proceedings of the National Academy of Sciences, 106(18): 7367-7372.

Lü X, Zhu L, Nishimura M, et al. 2011. A high-resolution environmental change record since 19 cal ka BP in

Pumoyum Co, southern Tibet. Chinese Science Bulletin, 56: 2931-2940.

Ma M, Dong G, Jia X, et al. 2016. Dietary shift after 3600 cal yr BP and its influencing factors in northwestern China: Evidence from stable isotopes. Quaternary Science Reviews, 145: 57-70.

Madsen D B, Haizhou M, Brantingham P J, et al. 2006. The late Upper Paleolithic occupation of the northern Tibetan Plateau margin. Journal of Archaeological Science, 33 (10): 1433-1444.

Magny M, Miramont C C, Sivan O. 2002. Assessment of the impact of climate and anthropogenic factors on Holocene Mediterranean vegetation in Europe on the basis of palaeohydrological records. Palaeogeography, Palaeoclimatology, Palaeoecology, 186: 47-59.

Meyer M C, Aldenderfer M S, Wang Z, et al. 2017. Permanent human occupation of the central Tibetan Plateau in the early Holocene. Science, 355 (6320): 64-67.

Miao Y, Zhang D, Cai X, et al. 2017. Holocene fire on the northeast Tibetan Plateau in relation to climate change and human activity. Quaternary International, 443: 124-131.

Miehe G, Miehe S, Böhner J, et al. 2014. How old is the human footprint in the world's largest alpine ecosystem? A review of multiproxy records from the Tibetan Plateau from the ecologists' viewpoint. Quaternary Science Reviews, 86: 190-209.

Miehe G, Miehe S, Kaiser K, et al. 2009. How old is pastoralism in Tibet? An ecological approach to the making of a Tibetan landscape. Palaeogeography, Palaeoclimatology, Palaeoecology, 276 (1-4): 130-147.

Montgomery D R, Hallet B, Liu Y, et al. 2004. Evidence for Holocene megafloods down the Tsangpo River gorge, southeastern Tibet. Quaternary Research, 62 (2): 201-207.

Morrill C, Overpeck J T, Cole J E, et al. 2006. Holocene variations in the Asian monsoon inferred from the geochemistry of lake sediments in central Tibet. Quaternary Research, 65: 232-243.

Owen L A, Dortch J M. 2014. Nature and timing of Quaternary glaciation in the Himalayan-Tibetan orogeny. Quaternary Science Reviews, 88: 14-54.

Perron J T, Venditti J G. 2016. Earth science: Megafloods downsized. Nature, 538 (7624): 174.

Pickering J L, Goodbred S L, Reitz M D, et al. 2014. Late Quaternary sedimentary record and Holocene channel avulsions of the Jamuna and Old Brahmaputra River valleys in the upper Bengal delta plain. Geomorphology, 227: 123-136.

Rhode D, Zhang H Y, Madsen D B, et al. 2007. Epipaleolithic/early neolithic settlements at Qinghai Lake, western China. Journal of Archaeological Science, 34 (4): 600-612.

Shen C, Liu K B, Tang L, et al. 2006. Quantitative relationships between modern pollen rain and climate in the Tibetan Plateau. Review of Palaeobotany and Palynology, 140: 61-77.

Sheng E, Yu K, Xu H, et al. 2015. Late Holocene Indian summer monsoon precipitation history at Lake Lugu, northwestern Yunnan Province, southwestern China. Palaeogeography, Palaeoclimatology, Palaeoecology, 438: 24-33.

Shi C, Daux V, Zhang Q B, et al. 2012. Reconstruction of southeast Tibetan Plateau summer climate using tree ring δ^{18}O: Moisture variability over the past two centuries. Climate of the Past, 8: 205-213.

Srivastava P, Kumar A, Chaudhary S, et al. 2017. Paleofloods records in Himalaya. Geomorphology, 284: 17-

30.

Su Y, Gao X, Liu Q, et al. 2013. Mineral magnetic study of lacustrine sediments from Lake Pumoyum Co, southern Tibet, over the last 19 ka and paleoenvironmental significance. Tectonophysics, 588: 209-221.

Sun W, Zhang E, Liu E, et al. 2017. Oscillations in the Indian summer monsoon during the Holocene inferred from a stable isotope record from pyrogenic carbon from Lake Chenghai, southwest China. Journal of Asian Earth Sciences, 134: 29-36.

Sun Y, Lai Z, Long H, et al. 2010. Quartz OSL dating of archaeological sites in Xiao Qaidam Lake of the NE Qinghai-Tibetan Plateau and its implications for palaeoenvironmental changes. Quaternary Geochronology, 5(2-3): 360-364.

Tainter J. 1988. The Collapse of Complex Civilizations. New Studies in Archaeology. Cambridge: Cambridge University Press.

Tu J Y, Ji J Q, Sun D X, et al. 2015. Thermal structure, rock exhumation, and glacial erosion of the Namche Barwa Peak, constraints from thermos-chronological data. Journal of Asian Earth Sciences, 105: 223-233.

Wang P, Scherler D, Liu-Zeng J, et al. 2014. Tectonic control of Yarlung Tsangpo Gorge revealed by a buried canyon in Southern Tibet. Science, 346(6212): 978-981.

Wang Q, Yang X, Anderson N J, et al. 2017. Direct versus indirect climate controls on Holocene diatom assemblages in a sub-tropical deep, alpine lake (Lugu Hu, Yunnan, SW China). Quaternary Research, 86: 1-12.

Wang Y, Zhu L, Wang J, et al. 2016. Paleohydrological processes revealed by n-alkane δD in lacustrine sediments of Lake Pumoyum Co, southern Tibetan Plateau, and their response to climate changes during the past 18.5 cal ka. Journal of Paleolimnology, 56: 223-238.

Weiss H. 1993. The genesis and collapse of 3rd millennium north Mesopotamian civilization. Science, 262(5138): 1358.

Wernicke J, Grießinger J, Hochreuther P, et al. 2015. Variability of summer humidity during the past 800 years on the eastern Tibetan Plateau inferred from δ^{18}O tree-ring cellulose. Climate of the Past, 11: 327-337.

Wernicke J, Hochreuther P, Grießinger J, et al. 2017. Multi-century humidity reconstructions from the southeastern Tibetan Plateau inferred from tree-ring δ^{18}O. Global and Planetary Change, 149: 26-35.

Wischnewski J, Mackay A W, Appleby P G, et al. 2011. Modest diatom responses to regional warming on the southeast Tibetan Plateau during the last two centuries. Journal of Paleolimnology, 46(2): 215-227.

Wu L, Zhu C. 2016. Identifying paleoflood deposits archived in Sanfangwan Site, the Tianmen of the Jianghan Plain, Central China. International Journal of Simulation—Systems. Science & Technology, 17(45): 3.1-3.5.

Xu P, Zhu H, Shao X, et al. 2012a. Tree ring-dated fluctuation history of Midui glacier since the little ice age in the southeastern Tibetan plateau. Science China Earth Sciences, 55: 521-529.

Xu Z, Ji S, Cai Z, et al. 2012b. Kinematics and dynamics of the Namche Barwa Syntaxis, eastern Himalaya:

Constraints from deformation, fabrics and geochronology. Gondwana Research, 21 (1): 19-36.

Yancheva G, Nowaczyk N R, Mingram J, et al. 2007. Influence of the intertropical convergence zone on the East Asian monsoon. Nature, 445 (7123): 74.

Yang W, Yao T, Guo X, et al. 2013. Mass balance of a maritime glacier on the southeast Tibetan Plateau and its climatic sensitivity. Journal of Geophysical Research: Atmospheres, 118: 9579-9594.

Yang X, Wan Z, Perry L, et al. 2012. Early millet use in northern China. Proceedings of the National Academy of Sciences, 109 (10): 3726-3730.

Yao Y F, Song X Y, Wortley A H, et al. 2015. A 22570-year record of vegetational and climatic change from Wenhai Lake in the Hengduan Mountains biodiversity hotspot, Yunnan, Southwest China. Biogeosciences, 12: 1525-1535.

Yi C, Chen H, Yang J, et al. 2008. Review of Holocene glacial chronologies based on radiocarbon dating in Tibet and its surrounding mountains. Journal of Quaternary Science, 23: 533-543.

Yi X, Liang Y, Huerta-Sanchez E, et al. 2010. Sequencing of 50 human exomes reveals adaptation to high altitude. Science, 329 (5987): 75-78.

Zeitler P K, Koons P O, Bishop M P, et al. 2001. Crustal reworking at Nanga Parbat, Pakistan: Metamorphic consequences of thermal-mechanical coupling facilitated by erosion. Tectonics, 20 (5): 712-728.

Zeitler P K, Meltzer A S, Brown L, et al. 2014. Tectonics and topographic evolution of Namche Barwa and the easternmost Lhasa block, Tibet. Geological Society of America Special Papers, 507: SPE507-02.

Zeng X, Guo Y, Xu Q, et al. 2018. Origin and evolution of qingke barley in Tibet. Nature Communications, 9 (1): 5433.

Zhang D, Xia H, Chen F. 2018a. Early human occupation of the Tibetan Plateau. Science Bulletin, 63 (24): 1598-1600.

Zhang D D, Li S. 2002. Optical dating of Tibetan human hand- and foot prints: An implication to palaeoclimate of last glaciation. Geophysical Research Letters, 29 (5): 1-3.

Zhang D D, Li S H, He Y Q, et al. 2003. Human settlement on the last glaciation on the Tibetan Plateau. Current Science, 84 (5): 701-704.

Zhang D D, Jim C Y, Lin G C, et al. 2006. Climatic change, wars and dynastic cycles in China over the last millennium. Climatic Change, 76 (3-4): 459-477.

Zhang D E, Lu L. 2007. Anti-correlation of summer/winter monsoons. Nature, 450 (7168): E7-E8.

Zhang D J, Zhang N M, Wang J, et al. 2017a. Comment on "Permanent human occupation of the central Tibetan Plateau in the early Holocene". Science, 357 (6351): eaam8273.

Zhang E, Chang J, Cao Y, et al. 2017b. Holocene high-resolution quantitative summer temperature reconstruction based on subfossil chironomids from the southeast margin of the Qinghai-Tibetan Plateau. Quaternary Science Reviews, 165: 1-12.

Zhang E, Wang Y, Sun W, et al. 2016. Holocene Asian monsoon evolution revealed by a pollen record from an alpine lake on the southeastern margin of the Qinghai-Tibetan Plateau, China. Climate of the Past, 12: 415-427.

Zhang J, Feng J L, Hu G, et al. 2015. Holocene proglacial loess in the Ranwu valley, southeastern Tibet, and its paleoclimatic implications. Quaternary International, 372: 9-22.

Zhang J F, Xu B, Turner F, et al. 2017c. Long-term glacier melt fluctuations over the past 2500 yr in monsoonal High Asia revealed by radiocarbon-dated lacustrine pollen concentrates. Geology, 45: G38690.38691.

Zhang P, Cheng H, Edwards R L, et al. 2008. A test of climate, sun, and culture relationships from an 1810-year Chinese cave record. Science, 322 (5903): 940-942.

Zhang X, Ha B, Wang S, et al. 2018b. The earliest human occupation of the high-altitude Tibetan Plateau 40 thousand to 30 thousand years ago. Science, 362 (6418): 1049-1051.

Zhao M, Kong Q P, Wang H W, et al. 2009. Mitochondrial genome evidence reveals successful Late Paleolithic settlement on the Tibetan Plateau. Proceedings of the National Academy of Sciences, 106 (50): 21230-21235.

Zhao Z. 2011. New archaeobotanic data for the study of the origins of agriculture in China. Current Anthropology, 52 (S4): S295-S306.

Zhu H, Xu P, Shao X, et al. 2013. Little Ice Age glacier fluctuations reconstructed for the southeastern Tibetan Plateau using tree rings. Quaternary International, 283: 134-138.

Zhu H F, Shao X M, Yin Z Y, et al. 2011. August temperature variability in the southeastern Tibetan Plateau since AD 1385 inferred from tree rings. Palaeogeography, Palaeoclimatology, Palaeoecology, 305: 84-92.

Zhu L, Zhen X, Wang J, et al. 2008. A~30000-year record of environmental changes inferred from Lake Chen Co, Southern Tibet. Journal of Paleolimnology, 42: 343-358.

Zhu S, Wu Z, Zhao X, et al. 2013. Glacial dammed lakes in the Tsangpo River during late Pleistocene, southeastern Tibet. Quaternary International, 298: 114-122.

藏东南人类活动遗迹与生存环境调查
科考分队考察日志 (2018 年 10 ~ 11 月)

一、专题科考分队信息

1. 项目：第二次青藏高原综合科学考察研究

2. 科考分队信息

专题科考分队名称：藏东南人类活动遗迹与生存环境调查分队

专题科考分队编号：I07-T03-2018-05/05

关键科考区名称：藏东南区

关键科考区协调小组组长：陈发虎、邬光剑

专题科考队分队长：杨晓燕

所属综合交叉研究团队：人类活动影响与环境安全

专题分队依托单位：中国科学院青藏高原研究所

专题分队参加单位：兰州大学、西藏文物保护研究所、中国地震局地质研究所、中国科学院南京地理与湖泊研究所、中国科学院地球环境研究所、中国科学院植物研究所、中国科学院青海盐湖研究所、西北大学、西藏民族大学、西藏农牧学院

二、(2018 年) 藏东南人类活动遗迹与生存环境调查分队

队长：杨晓燕

野外考察时段：2018 年 10 月 25 日～ 11 月 30 日

人类活动遗迹调查组

组员：杨晓燕、张东菊、凌智永、马志坤、高玉、侯孝欢、杨继帅、申旭科、仇梦晗、谭韵瑶、童艳、南吉、成措卓玛

地貌组

组员：王萍、胡钢、王慧颖

湖泊组

组员：刘建宝、卢红选、施坤、张继峰、吴铎、吕凤琳、孙喆、闫天龙、张帅、李娜

植物组：

组员：曹现勇、张国进、冀克家、王彦人

农牧业组

组员：魏学红、白彦福、张涛

门珞文化组

组员：纪明波、陈立明、达瓦扎西

附表　科考分队考察日志

日期	工作内容	停留地点
10 月 25 日	飞抵拉萨，入住青藏高原所拉萨部	拉萨
10 月 26 日	1) 休整； 2) 整理采样设备，购买一次性手套、样品袋等耗材； 3) 西藏农牧学院三位学生南吉、成措卓玛和达瓦扎西从林芝抵达拉萨部	拉萨
10 月 27 日	1) 开展石料产地调查走访； 2) 西藏文物保护研究所童艳和谭韵瑶加入队伍	拉萨
10 月 28 日	1) 上午与西藏文物保护研究所夏格旺堆副所长商讨合作协议事项； 2) 下午拉鲁湿地调查； 3) 地貌组中国地震局地质所王萍、胡钢和王慧颖抵达	拉萨
10 月 29 日	1) 合影； 2) 拉萨曲贡遗址地貌背景调查； 3) 曲贡遗址动植物资源调查取样； 4) 夏格旺堆研究员学术报告	拉萨
10 月 30 日	1) 贡嘎县昌果沟遗址地貌调查和样品采集； 2) 拉萨市火车站北侧冲洪积地层调查和样品采集； 3) 浮选； 4) 工作会议	拉萨
10 月 31 日	1) 昌果沟遗址继续寻找文化层； 2) 曲贡遗址采集 II 区样品； 3) 昌果沟遗址地貌调查； 4) 拉萨河谷地貌调查	拉萨
11 月 1 日	1) 达孜区 5 个遗址点调查； 2) 第三组纪明波和陈立明两位老师晚上抵达拉萨	拉萨
11 月 2 日	1) 拉觉、昌东、邱桑遗址及周边环境调查； 2) 加日塘遗址及周边环境调查	拉萨
11 月 3 日	1) 达隆祭坛遗址调查； 2) 山南浪卡子县羊卓雍错以南调查寻找人类活动点	拉萨
11 月 6 日	1) 错那县门巴文化调查； 2) 琼结县邦嘎遗址、藏王墓、桑日县程巴村石器地点等史前和历史时期遗迹调查； 3) 地貌调查； 4) 湖泊组抵达拉萨	山南
11 月 7 日	1) 人类活动遗迹调查组从山南赶往林芝； 2) 植物组采集表土土样； 3) 湖泊组前往巴松措； 4) 植物组张国进加入； 5) 加查雅鲁藏布江地貌调查； 6) 门珞文化调查组在隆子县开展调查	林芝
11 月 8 日	1) 人类活动遗迹组从林芝赶往波密； 2) 植物组采集表土土样、表土花粉、可利用植物样本； 3) 湖泊组在巴松措取样； 4) 地貌组在米林县进行古洪水地貌调查； 5) 门珞文化组在隆子县进行调查	林芝
11 月 10 日	1) 措木及日湖水样采集、获取重力钻岩心； 2) 南迦巴瓦地区冰川和河流阶地地貌； 3) 墨脱县城周边、亚东村农田、果果塘大拐弯植被调查、样品采集； 4) 墨脱县亚东村石器点调查； 5) 门珞文化调查	林芝
11 月 11 日	1) 然乌湖考察； 2) 南迦巴瓦冰川和河流地貌调查； 3) 墨脱县背崩乡石器点调查； 4) 农牧组抵达林芝开始考察工作，龙瑞军教授、尚占环教授不能参加科考，由博士生张涛代替； 5) 门珞文化组从然乌湖到察隅	林芝

续表

日期	工作内容	停留地点
11 月 12 日	1) 墨脱亚东村和墨脱村再调查; 2) 植物样本采集; 3) 然乌湖水样及重力钻; 4) 八一镇——波密农牧业调查; 5) 门珞文化小组在察隅调查	林芝
11 月 13 日	1) 湖泊岩心分样和水样过滤; 2) 帕隆藏布通麦–波密考察; 3) 墨脱–波密植物样本采集; 4) 人类活动遗迹调查组、植物组出墨脱,与湖泊组和地貌组在波密汇合; 5) 门珞文化调查组、农牧调查组进墨脱	林芝
11 月 14 日	1) 墨脱农牧调查对接事宜; 2) 古乡剖面清理及石棺墓群的发现; 3) 古乡卡拉遗址调查; 4) 倾多镇卡定遗址调查; 5) 古乡和倾多镇植物和植被样品采集	林芝
11 月 15 日	1) 墨脱农牧调查; 2) 古乡剖面清理; 3) 湖泊组前往工布江达; 4) 倾多镇遗址再调查; 5) 倾多镇植物和植被样品采集	林芝
11 月 16 日	1) 农牧组、门珞文化组墨脱调查; 2) 人类活动调查组、植物组和地貌组从波密返回林芝; 3) 湖泊组回到拉萨,结束科考	林芝
11 月 17 日	1) 墨脱县门珞文化和农牧调查; 2) 林芝立定遗址调查; 3) 林芝立定村周边地貌调查; 4) 立定村周边植被样品采集	林芝
11 月 18 日	1) 林芝村周边遗址调查; 2) 林芝村周边地貌调查; 3) 米林县派镇大峡谷植被调查; 4) 墨脱县门珞文化和农牧调查	林芝
11 月 19 日	1) 巴果绕村周边遗址调查; 2) 巴果绕村周边地貌调查; 3) 墨脱县门珞文化和农牧调查; 4) 地貌组王萍和王慧颖结束科考回京	林芝
11 月 20 日	1) 林芝市八一镇多布(都普)和加喇嘛(加拉马)遗址调查; 2) 门珞文化调查; 3) 墨脱县农牧业调查	林芝
11 月 21 日	1) 人类活动调查组和植物组从林芝巴宜区返回拉萨; 2) 墨脱县门珞文化调查; 3) 墨脱县农牧业调查; 4) 地貌组胡钢自林芝返京; 5) 成措卓玛和南吉离开科考队返校	林芝
11 月 22 日	1) 墨脱县农牧业调查; 2) 人类活动调查组和植物组在拉萨部浮选土样、整理样品; 3) 墨脱县门珞文化调查	林芝
11 月 23 日	1) 墨脱县农牧业调查; 2) 拉萨部样品整理; 3) 拉鲁湿地获取泥炭钻; 4) 西藏文物研究所夏格旺堆副所长和陈祖军研究员来访	林芝
11 月 24 日	1) 人类活动调查组和植物组整理样品; 2) 门珞文化调查组和农牧组在墨脱等待道路通车	林芝
11 月 25 日	1) 人类活动调查组和植物组返京; 2) 门珞文化调查组与墨脱县农牧业调查组在墨脱等待通车	林芝
11 月 26 日	由于进出墨脱的道路路基塌方,门珞文化调查组和农牧业调查组滞留,至 30 日返回各自单位,结束科考	林芝—拉萨

附　图

附图 1　科考队员拉萨集合

附图 2　加日塘遗址

附图 3　卡定遗址剖面 4 取样

附图 4　田野调查和清理剖面

附图5　科考队员准备橡皮艇及采样设备

附图6　巴松措湖泊科考工作

附图 7　拉鲁湿地打钻

附图 8　采样照片

附图 9　与墨脱县墨脱镇村民一起调查茶叶种植情况

附图 10　科考队员波密汇合